Aus dem Englischen von
Peter von Düffel

Für die deutsche Ausgabe
bearbeitet und erweitert von
Christian Weller

INHALT

Prolog Das Meer als Herausforderung 7

I Navigation 13
II Handel 47
III Weltreiche 81
IV Religionen 117
V Ernährung und Gesundheit 153

Epilog 189

Anmerkungen 197
Weiterführende Literatur 198
Literatur 201
Danksagung 204
Register 205

Prolog

Das Meer als Herausforderung

Die Entwicklung der Zivilisation ist, soweit unsere Quellen reichen, von Anfang an mit der Überquerung beachtlicher Distanzen über Wasser verbunden. Bereits das begehrte Material, das der Steinzeit den Namen gab, der Feuerstein, wurde im 4. und 3. Jahrtausend v. Chr. über weite Strecken transportiert – auch im Bereich der Nord- und Ostsee, die aber damals noch ein ganz anderes Bild boten als heute. Auf dem Boden des späteren Deutschland, der in den folgenden Jahrtausenden eine Vielzahl verschiedener Völker und staatlicher Gebilde beherbergte, ist ein Beispiel für den Seehandel der Bronzezeit (Ende des 3. – Anfang des 1. Jahrtausends v. Chr.) nachweisbar. In dieser Zeit wurden die rohen Instrumente der Steinzeit durch die vielseitigeren und kunstvolleren Werkzeuge und Waffen aus Bronze abgelöst. Die Ausgangsstoffe zur Herstellung von Bronze mussten von weit her beschafft werden: Kupfer vom Sinai und Zinn aus Persien oder Britannien. Bereits damals müssen die prägermanischen Bewohner der norddeutschen Küsten Handel über das Meer getrieben haben. Das zeigen nicht nur die gefundenen Bronzegerätschaften, sondern auch die bevorzugte Tauschware, das «nordische Gold», ein Bernstein besonderer Zusammensetzung, der vor allem auf Helgoland gesammelt wurde und den man in England und Irland sowie in der griechischen Stadt Mykene gefunden hat. Auf festen Handelsrouten über Land, Fluss und Meer, den so genannten Bernstein-Straßen, flossen bereits damals Waren im Tausch hin und her. Schon die frühen Handelsnetze ermöglichten die Ausbreitung des jeweils höchsten Standes von Technik und Kultur.

Die unterschiedlichen Netzwerke, die im Lauf der vergangenen Jahrtausende ihre Fäden über die Meere gezogen und verschiedene Kulturen miteinander verbunden haben, sind das Thema dieses Buches. Aus maritimer Perspektive wirft es einen Blick auf die Zivilisationsgeschichte und streift dabei durch die Jahrhunderte und die Gegenden dieser Welt, vom Island der Wikinger über die Gewürzinseln des Orients und die spanischen Konquistadoren im Aztekenreich bis zum Bau der Eisenbahn in Indien und zu den Emigranten am Fuß der Freiheitsstatue.

Anfänglich waren solche Netzwerke stärker auf einen Zweck ausgerichtet. Handelsorganisationen schufen die Möglichkeit, Nahrungsmittel, Rohstoffe und andere Güter zu erwerben, zu verteilen, zu veredeln oder zu verbrauchen. Maritime Weltreiche oder Bündnisse lenkten die Aktivitäten ihrer Mitglieder zumeist im Sinne der Interessen eines Machtzentrums. Beide Kategorien haben sich in der Praxis häufig überlagert. Als besonders erfolgreich erwiesen sich Zivilisationen, die zur Erlangung ihrer Ziele wirtschaftliche und politische Netzwerke effektiv nutzten. Schon bald stand einigen wenigen führenden Seefahrerstaaten und -gesellschaften eine Mehrzahl von Völkern gegenüber, die nicht nach der Beherrschung der Meere strebten. Wurden sie von den Seemächten nicht ganz und gar unterworfen, waren sie gezwungen, sich mit ihnen zu arrangieren. Technischer Fortschritt, die Erschließung von Ressourcen und effiziente soziale und politische Strukturen haben einige Zivilisationen in die Lage versetzt, ausgedehnte maritime Netzwerke zu kontrollieren. Einen Wendepunkt in der Weltgeschichte der Seefahrt markiert der Übergang ins 16. Jahrhundert, als einige europäische Nationen begannen, ihre maritimen Netzwerke über den Atlantischen, Indischen und Pazifischen Ozean auszuweiten, in Regionen, in denen man sie zuvor kaum gekannt hatte. Diese Expansion wird eindrucksvoll durch die Entdeckungsreisen berühmter Seefahrer wie Kolumbus, Vasco da Gama oder Magellan belegt. Die Erschließung der globalen Seerouten führte schließlich zu einem weltweiten wirtschaftlichen und politischen Netzwerk.

Die Rolle der deutschen Seeschifffahrt in dieser Konstellation lässt sich wohl am besten als «nachgeordnet in privilegierter Position» bezeichnen. Weder das Frankenreich Karls des Großen (747–814, Herrschaft ab 768) noch seine späteren Nachfolger sind jemals ausgesprochene Seefahrerstaaten gewesen. Die Schifffahrt blieb im Wesentlichen die Angelegenheit der Küstenregionen, vor allem der unabhängigen Hansestädte, denen es zwischen dem 11. und 15. Jahrhundert jedoch durch Zusammenschluss gelang, in Europa eine dominierende Handelsmacht zu werden. An den Verteilungskämpfen der großen Kolonialmächte seit dem 16. Jahrhundert nahm das nach Reformation und Dreißigjährigem Krieg politisch und konfessionell zerrissene Land nicht teil. Die deutschen Hafenstädte verdienten aber gut am nachgeordneten Handel, der die Waren aus Übersee nach Nord- und Osteuropa weiterleitete. Zugleich waren auch immer Deutsche in die Schifffahrt der federführenden Nationen involviert. Ohne das Geld der legendären Kaufmanns- und Bankdynastie der Fugger in Augsburg hätte Karl V. (1500–1558, spanischer König ab 1516, Kaiser ab 1530), in dessen Reich «die Sonne nie unterging», die Kolonialisierung Südamerikas nicht finanzieren können. Deutsche Wissenschaftler, vor allem Geographen, haben wichtige Entdeckungen zur Seefahrt beigetragen und sind auf vielen der sagenumwobenen Expeditionen mitgesegelt. In den verschiedenen Kapiteln wird ab und an auf solche Zusammenhänge hingewiesen.

Wie weit die Meere auch für deutsche Seeleute waren, zeigen die Lebenserinnerungen des Altonaer Seemannes Jens Jacob Eschels (geb. 1757), der anschaulich seine abenteuerlichen Fahrten nach Grönland, Archangelsk, Portugal, Spanien, Smyrna, Syrien und Westindien schildert. Schon damals segelten Schiffe, ungeachtet ihrer Herkunft, unter der Flagge, die am günstigsten erschien.

Der nachfolgende Überblick über die Herausbildung, Ausbreitung und Veränderung der Schifffahrts- und Handelsnetze in den verschiedenen Regionen der Welt ist der Übersichtlichkeit halber nach Schwerpunktthemen geordnet. Das erste Kapitel ist der technischen Entwicklung vom Schiffs- und Hafenbau bis zur Navigation gewidmet. Dschunken, Koggen und Dampfschiffe werden ebenso vorgestellt wie der älteste Hafen der Welt im indischen Golf von Khambhat und die Erfindung von Kompass und Sextant. Im zweiten Kapitel geht es um die mächtigen Handelsorganisationen zur See bis zum Wendepunkt um 1500. Wir folgen den Händlern der Antike über das Mittelmeer, denen des Orients über den Indischen Ozean und der Hanse über die raue Nord- und Ostsee. Die Handelsrepublik Venedig erlangt ihren märchenhaften Reichtum am Verbindungspunkt zweier Handelsnetze.

Im Mittelpunkt des dritten Kapitels stehen die expansiven Seemächte von den Römern und Wikingern über die spanischen Konquistadoren bis zum britischen Empire. Das vierte Kapitel folgt christlichen Aposteln und Kreuzfahrern auf ihre Schiffe. Es begleitet muslimische Händler und Eroberer, buddhistische Mönche und puritanische Pilgerväter und fragt, wie wichtig die Seeverbindungen für den Glauben waren, beziehungsweise welche Rolle die Weltreligionen in der Seefahrt gespielt haben. Das fünfte Kapitel zu den Themen Ernährung und Gesundheit zeigt, dass in den globalen Handelsnetzen die transportierte Fracht selbst zur ambivalenten Angelegenheit wird. Die Schiffe, die die heißbegehrten «Kolonialwaren» aus der Neuen Welt nach Europa brachten, lieferten jahrhundertelang auf ihrer Hinfahrt Sklaven an die Plantagen. All die Dinge, die unser Leben hier so angenehm bereichert haben – Zucker, Tee, Kaffee, Schokolade – wurden mit Leid und Unrecht erkauft, ein Erbe, das bis heute spürbar ist. Problematisch waren auch die «blinden Passagiere»: Krankheitserreger, die fernab ihrer Entstehungsgebiete verheerende Seuchen auslösen konnten.

Das Meer hat in allen Phasen der Weltgeschichte gleichmütig die Verbreitung der positiven Errungenschaften ebenso ermöglicht wie die ihrer negativen Auswirkungen. Es ist immer ein zentrales Medium der Entwicklung und Ausdehnung der menschlichen Zivilisation gewesen. Mitte des fünften Jahrhunderts hat der athenische Dichter Sophokles in seiner Tragödie *Antigone*[1] den Nutzen wie die Gefahren der Seefahrt in Verse gefasst, die diese Einleitung beenden sollen – als Metapher für das zweischneidige Schwert der menschlichen Erfindungsgabe: Immer wieder hat der Mensch seine Fähigkeit, etwas zu erschaffen, auch dazu genutzt, zu zerstören.

> Ungeheuer ist viel. Doch nichts
> Ungeheurer, als der Mensch.
> Denn der, über die Nacht
> Des Meers, wenn gegen den Winter wehet
> Der Südwind, fähret er aus
> In geflügelten sausenden Häusern.
> […]
> Von Weisem etwas, und das Geschickte der Kunst
> Mehr, als er hoffen kann, besitzend,
> Kommt einmal er auf Schlimmes, das andere zu Gutem.

I
Navigation

Die Anfänge der Seefahrt verlieren sich in grauer Vorzeit. Wann und wo die ersten Versuche unternommen wurden, über eine der Wasserflächen zu steuern, die den größten Teil unseres Planeten bedecken, lässt sich nicht mit Gewissheit sagen. Wir können jedoch vermuten, dass es die Notwendigkeit war, Nahrungsmittel zu finden, die unsere entfernten Vorfahren dazu gebracht hat, Fische und andere Wassertiere zu jagen und an fernen Ufern nach essbaren Pflanzen und Tieren zu suchen. Die ersten Boote fanden ihren Einsatz wahrscheinlich nicht auf dem Meer, sondern auf Flüssen und Seen. Und es erforderte eine gehörige Portion Wagemut, die ruhigen Gewässer zu verlassen und das Risiko einzugehen, auf das offene Meer hinaus zu fahren. Dass der Mensch die Seefahrt aber bereits sehr früh meisterte, dafür gibt es Hinweise: zwar nicht die Relikte vorsintflutlicher Schiffe, aber rätselhafte Spuren von Zivilisation. Eine wachsende Zahl archäologischer Funde weist menschliche Besiedlung auf Inseln und Kontinenten nach, von denen man annimmt, dass sie für unsere Vorfahren nur über das Meer erreichbar waren. Die abenteuerliche Überfahrt wird wahrscheinlich auf einer Art von einfachem Floß bewerkstelligt worden sein.

Aus dem, was Archäologen über die Werkzeuge der frühen Menschen und ihren Gebrauch von bestimmten Materialien für andere Zwecke herausgefunden haben, kann man sich ein gutes Bild vom

Prototypen des ersten Bootes machen: ein roh behauener Einbaum, auf dem unsere Vorfahren rittlings saßen. Von diesem instabilen Gefährt führt ein logischer und ziemlich einfacher Schritt zur ersten technischen Innovation: Mehrere Stämme werden zusammengefügt, etwa durch Zusammenbinden oder Verbolzen, ein rudimentärer Bug entsteht. Der Vergleich mit Wasserfahrzeugen, die zum Teil noch heute in einigen Weltregionen benutzt werden, zeigt, wie effektiv solche simplen Konstruktionen sein können. Eine leichte Variante dieser Zusammenfügung aus Stämmen sind Flöße und Boote aus Schilf. Anthropologen und Archäologen beschreiben die Verwendung solcher Boote in Zentralafrika an den Ufern von Viktoria-, Turkana- und Tschadsee, in einer Region, aus der die frühesten, drei Millionen Jahre alten Fossilienfunde unserer menschlichen Vorfahren stammen. Als eine der frühen hoch entwickelten Kulturen liefert Ägypten eine Fülle von Überresten solcher Schilfbündel-Boote, einschließlich ihrer bildlichen Darstellung. Die Beliebtheit dieser Wassergefährte im Niltal lässt sich zum Teil auf den relativen Mangel an geeignetem Holz zurückführen. Aber Spuren von Schilfbooten hat man auch in Europa am Mittelmeer gefunden, in Zentral- und Südasien und sogar in Tasmanien. Noch heute werden sie in einigen Teilen Südamerikas eingesetzt. In anderen Gegenden, in denen es die dafür geeigneten Bäume wie Birken und Buchen gibt, wurden Boote und Kanus aus Baumrinde hergestellt, vor allem in Australien und Nordeuropa, aber auch beispielsweise bei den Irokesen.

Seit der Altsteinzeit haben Menschen Tierhäute für eine Vielzahl von Zwecken verwendet, und es kann kaum überraschen, dass sich darunter auch die Seefahrt findet. Die Hinweise, dass Tierhäute für die Herstellung von Booten, Kanus und Flößen verwendet wurden, sind weit gestreut. Sie reichen von Lehmmodellen von Schiffen aus dem 4. Jahrtausend v. Chr., die man in Mesopotamien gefunden hat, über die Reliefs an den Palastmauern des assyrischen Königs Sanherib (gest. 681, Herrschaft ab 705 v. Chr.), die Flöße und luftgefüllte Tierbälge zeigen, bis zu den zum Teil noch heute verwendeten Kajaks und Umiaks der Eskimos in Kanada und Alaska. Boote aus Tierhäuten bieten auf kalten Gewässern wie der Nordsee, dem Atlantik oder den Polarmeeren große Vorteile, da sie in der Regel trocken bleiben und kaum Wasser eindringen lassen. Und so kann man mit ziemlicher Sicherheit davon ausgehen, dass die bronzezeitlichen Anrainer von Nord- und Ostsee ihre Boote bauten, indem sie ein Gerüst aus Holz oder Weidengeflecht mit Rinde oder Tierhäuten «dicht machten». Die für diese Region später charakteristische Verschalung der Boote mit einander überlagernden Planken weist auf das vorhergehende Vernähen der Haut- beziehungsweise Rindenstreifen hin.

Das bei weitem beliebteste Material für den Bau seetüchtiger Schiffe bis ins 19. Jahrhundert war Holz. Historische Dokumente weisen darauf hin, dass bereits in der Mitte des 3. Jahrtausends v. Chr. auf den Flüssen Mesopotamiens Boote aus Holzplanken fuhren. Ungefähr zur gleichen Zeit wurden auch in Ägypten solche Boote gebaut. Bis zur Mitte des 2. Jahrtausends v. Chr. fand die Holzplankenkonstruktion, die es Schiffen erlaubt, Größe, Stärke und Beweglichkeit zu verbinden, Verbreitung rund um das Mittelmeer, in Westeuropa und im Nahen Osten sowie im Indischen Ozean. Plankenboote wurden in gewissem Umfang in allen Weltregionen benutzt, auch in Amerika vor der Entdeckung durch Kolumbus oder auf den Pazifischen Inseln. Der Verlauf der technischen Entwicklung lässt sich aber nicht mehr genau nachzeichnen. Man geht heute davon aus, dass der vorherrschende Typ des Segelschiffs in diesen Gebieten eher aus Stämmen als aus Planken zusammengefügt wurde.

Das Mittelmeer und der Indische Ozean

Ein wesentlicher Schritt für die Geschichte des Schiffbaus war die Entwicklung von Werkzeugen aus Metall, ursprünglich aus Bronze, im frühen 4. Jahrtausend v. Chr., die sich wenig später im Bereich des Mittelmeers und des Nahen Ostens verbreitete. Seit dem späten 3. Jahrtausend v. Chr. setzte man auf Holzschiffen Rinder zwischen dem Festland und Zypern über. Wurden von den ersten Seefahrern Ruder und Paddel zur Fortbewegung benutzt, begann man gegen Ende des 4. Jahrtausends v. Chr. Segel zu verwenden. Vermutlich stieß man gleichzeitig in verschiedenen Regionen an Mittelmeer, Rotem Meer und Indischem Ozean auf die bahnbrechende Idee, eine breite Windfalle an einer im Schiffskörper verankerten Stange anzubringen, um die Kraft des Windes für die Fortbewegung des Schiffes zu nutzen. Dieser Kunstgriff erscheint uns heute so selbstverständlich, dass wir leicht übersehen, wie genial und kühn die Vorrichtung denen erschienen sein muss, die sie zum ersten Mal gesehen haben. Die Erfindung des Segelschiffs ist eine der großen technischen Innovationen der Menschheit. Sie markiert in der Geschichte der Zivilisationen einen ebenso bedeutenden Schritt nach vorn wie die Einführung der Töpferscheibe oder der Druckerpresse. Segelschiffe aus Holz sollten über fast zweitausend Jahre das bevorzugte maritime Transportmittel im Mittelmeer und den angrenzenden Regionen bleiben.

In der Mitte des 1. Jahrtausends v. Chr. waren die beiden hauptsächlichen Antriebsmethoden, Segel und Ruder, in der gesamten Mittelmeerregion und darüber hinaus verbreitet. Das typische seetüchtige Schiff konnte sowohl Ruder als auch Segel benutzen und man begann, die Schiffskonstruktionen nach Funktionen zu spezialisieren. Je nach den Bedürfnissen des Schiffseigners gab es ein weites Spektrum an Variationen in der Größe, im Tiefgang, in der Breite und der Länge des Rumpfes. Unser Bild von der antiken Seefahrt ist geprägt durch die schlanken, von mehreren übereinander liegenden Ruderreihen angetriebenen Kriegsschiffe mit einem Rammsporn am Bug, wie den Dreiruderern, den Trieren. Diese beeindruckenden Galeeren mit über 200 Rudersklaven wurden jedoch nur im Seekrieg eingesetzt. In den Häfen des Mittelmeers, des Roten Meers oder des Persischen Golfs lagen gewöhnlich weniger elegante, kürzere und rundere Schiffe mit größerer Frachtkapazität. Außerhalb des Mittelmeeres gab es auf diese Weise spezialisierte Kriegsschiffe praktisch nicht. Zu einem regelmäßigen Schiffsverkehr kam es hier aufgrund des höheren Seegangs und der stärkeren Winde erst später, und Rudergaleeren wären dafür kaum geeignet gewesen.

Die Anzahl der Masten und die Arten der Segel variierten in der antiken Seefahrt ebenso beträchtlich wie die Takelage, die Techniken des Schiffsbaus und der Navigation. Bis zum 3. Jahrhundert n. Chr. wurden die rechteckigen Segel allmählich von den dreieckigen Lateinsegeln ersetzt, die im Zusammenspiel mit mehreren Rudern unter den vergleichsweise ruhigen Bedingungen des Mittelmeeres erhebliche Vorteile boten. Das Lateinsegel war bedeutend größer und bauchiger als das rechteckige Segel und konnte deshalb mehr und wirksamer Wind fassen, besonders wenn man mit dem Wind segelte. In der Arabischen See und im Indischen Ozean, wo man seit circa 600 v. Chr. die Kraft der Monsunwinde nutzte, waren sehr viel größere, robustere Segelschiffe gefragt. Schon sehr früh wurden dort Boote aus gesägten Planken mit Lateinbesegelung gebaut. Sie waren die Vorläufer der Dau, eine Bezeichnung, die von Europäern für eine ganze Reihe verschiedener Segelschiffe benutzt wurde. Ein ganz anderer, leichter Typ von Bambus- und Holzschiffen mit Auslegern war in Südostasien beliebt, wo man ihn für Fahrten in flachen Gewässern und zwischen den Inseln einsetzte.

Auch wenn diese Experimente mit der Betakelung, den Steuermethoden und anderem allmählich zu einer Vielzahl lokal unterschiedlicher Schiffstypen führten, waren die Faktoren, die die Konstruktion letztlich bestimmten, überall auf der Welt ähnlich: die lokal verfügbaren Materialien, die Frachtgrößen und -gewichte, die typischen Winde und Strömungen sowie die Tiefe der Küstengewässer und, gleichermaßen wichtig für Handels- wie Kriegsschiffe, die Kosten für die Mannschaft. Größere Frachtschiffe wurden da gebaut, wo die Ladungen gewöhnlich in großen Mengen anfielen, etwa Holz, Tuch, Korn und billigere Metalle. Für Luxusgüter oder hochwertige Ladungen wie Gold oder Elfenbein favorisierte man kleine Schiffe. Die Größe der Frachtschiffe war nicht allein vom Stand der Konstruktionstechniken abhängig, sondern auch von dem Kapital, das die einzelnen Kaufleute oder Schiffseigner für ihren Bau und Einsatz zur Verfügung hatten. Nur sehr Reiche oder die herrschenden Eliten konnten sich Schiffe leisten und auch sie suchten den Kompromiss, indem sie umfängliche und kleinere Frachten mischten. Das typische Handelsschiff der vorindustriellen Zeit hatte eine mäßige Größe und eine überschaubare Mannschaft.

Nord- und Westeuropa

Archäologische Funde beweisen, dass seit dem 2. Jahrtausend v. Chr. seetüchtige Schiffe zwischen den Küsten Nord- und Westeuropas verkehrten und Menschen und Güter über weite Distanzen beförderten. Auf die Eignung von Booten aus Tierhäuten in kälteren Gewässern wurde bereits hingewiesen, und verschiedene römische Autoren berichten, dass bei den Seefahrern des heutigen Frankreich, Irland und der britischen Hauptinsel ein solcher Bootstyp gebräuchlich war: Über ein Gerüst aus relativ schlanken Hölzern gespannte Tierhäute ergaben ein sehr leichtes Boot, was zusätzlichen Auftrieb gab und für die Seeleute wichtig war, die ihr Gefährt oft über beträchtliche Entfernungen tragen mussten. Zur Fortbewegung wurden nicht nur Segel, sondern auch Ruder verwendet, aber große Rudergaleeren des mediterranen Typs setzten im Norden allein die Römer ein, wenn ihre Marine in den dortigen Gewässern operierte.

Im frühen Mittelalter nutzten die Seefahrer in Nordwesteuropa und Skandinavien Boote mit gleich hoch gezogenem Bug und Heck, was auch für viele spätere mittelalterliche Schiffe charakteristisch ist. Diese Schiffe konnte man leicht auf den Strand setzen und wieder ins Wasser schieben. Diese Form erwies sich auch als vorteilhaft, wenn das Schiff vor dem Wind lief, was die bevorzugte Segeltechnik gewesen zu sein scheint. Gewöhnlich wurde zuerst der Rumpf in der Art übereinander greifender Klinker aus leichten, überlappenden Außenplanken gefertigt. Diese wurden mit dem Kiel durch Laschen verbunden, durch Plankengänge verstärkt und mit eisernen Klammern aneinander befestigt. Bis zum 9. Jahrhundert n. Chr. hatten nordische Bootsbauer einen Schiffstyp mit einem ziemlich breiten Kiel entwickelt, der sich im Wesentlichen auf ein einzelnes viereckiges Segel für die Fortbewegung verließ, jedoch Ruder als Hilfsmittel für den Gebrauch bei Windstille oder auf Wasserstraßen im Binnenland besaß. Das typische Wikingerschiff der normannischen Raubzüge war ein tragfähiges, schnell segelndes offenes Langboot, das wenig Tiefgang hatte und zur Anlandung keinerlei besondere Einrichtungen benötigte.

Wie genau die Schiffskonstruktionen den jeweiligen Bedürfnissen angepasst waren, lässt sich daran ablesen, dass die norwegischen und dänischen Boote, die die Nordsee und den Atlantik überquerten, in der Regel kleiner waren als die schwedischen, die ihren Radius auf die Ostsee beschränkten. Seit dem 13. Jahrhundert benutzten die Skandinavier und ihre germanischen Nachbarn dickbäuchigere und weniger langgezogene Schiffe für den Handel und sogar für militärische Zwecke. Hier gab es zwei vorherrschende Typen. Die Hulk mit gebogenem Rumpf sowie hohem Bug und Heck wies kaum oder keinen Achter- oder Vordersteven auf. Zum Steuern wurden Seitenruder verwendet. Die Bezeichnung bedeutet ursprünglich etwas Ausgehöhltes oder Gebogenes wie eine Erbsenschote. Dieser Typ stammt wohl ursprünglich aus den Niederlanden, verbreitete sich aber über England und Nordeuropa hinaus und wurde zum meistbenutzten Frachtschiff des 14. und 15. Jahrhunderts. Der andere Schiffstyp war die wahrscheinlich aus Friesland stammende Kogge, deren hervorstechende Merkmale die rechtwinklige Bug- und Heckform, der flache Kiel und die hohen Bordseiten waren. Sie war im 12. und 13. Jahrhundert das bevorzugte Schiff der hanseatischen Kaufherren. Beide

Schiffstypen trugen an dem mittschiffs angebrachten Mastbaum ein viereckiges Hauptsegel. Nach und nach kamen weitere größere Segel und Masten sowie kastellartige Bug- und Heckaufbauten hinzu. Ein Grund, der die Handelsherren veranlasste, derart große Schiffe wie die Hulk und die Kogge zu bauen, mögen die Hafengebühren und Seesteuern gewesen sein. Man hat auch angeführt, dass die hochbordigen Schiffe Piraten den Angriff erschwerten. Hinzu kam die Übernahme des zentral angebrachten Heckruders, das sich im 12. und 13. Jahrhundert in Nordeuropa durchsetzte und sich auf diesen Schiffstypen leichter einbauen ließ. Dennoch begannen seit dem 16. Jahrhundert Dreimaster mit einer stabileren, flexibleren Schiffskonstruktion auf der Basis eines Gerippes die früheren Typen zu ersetzen.

Die Schiffe, auf denen die europäischen Seefahrer im 15. und 16. Jahrhundert die Weltmeere befuhren, vereinten Entwurfs- und Konstruktionselemente aus den maritimen Traditionen des Mittelmeers, des Indischen Ozeans und Nordeuropas. Die Karavellen, der bevorzugte Schiffstyp der Portugiesen im 15. Jahrhundert, hatten ein stumpfes, aus Querbalken gebautes Heck mit einem großen Ruder. Sie waren glatt gebaut, d.h. mit an den Kanten aneinander gefügten Planken, im Gegensatz zu den einander überlagernden Planken der nördlichen Klinkerbauweise. Die Karavellen konnten viereckige Segel tragen oder auch lateinisch getakelt sein. So setzte Vasco da Gama auf seiner legendären Seereise nach Indien auf dem Atlantik die viereckigen Segel ein, ließ aber im Indischen Ozean Lateinsegel hissen.

In den nächsten Jahrhunderten vollzog sich die Entwicklung der europäischen Schifffahrt unter dem Zeichen von Größe und Geschwindigkeit. Segelschiffe wurden schnittiger und mit mehr Masten und Segeln bestückt, um die verfügbaren Winde so effektiv wie möglich zu nutzen. Zugleich wurden sie größer. Eine Wasserverdrängung von einigen hundert Tonnen war typisch für die Schiffe des späten 16. Jahrhunderts, aber in den folgenden Jahrhunderten wurden Schiffe gebaut, die tausend oder mehr Tonnen verdrängten. Große Frachtmengen, die über lange Entfernungen transportiert werden, erfordern Schutz. Die Spanier, die den Reichtum aus der Neuen Welt in großen Mengen und sicher in ihre Häfen bringen wollten, entwickelten das meistgelobte Schiff des 17. Jahrhunderts, die Galeone, ein langes, ein- oder zweideckiges Hochseeschiff mit steil aufragenden Vorder- und Achterdecks und einem mit Schießlöchern versehenen Rumpf für die schweren Geschütze. Die wachsende Zahl der Geschütze verlieh den europäischen Kriegsschiffen des 16., 17. und 18. Jahrhunderts eine deutliche Überlegenheit gegenüber den Schiffen und Küstenbefestigungen des Orients. Die Chinesen zum Beispiel setzten bereits seit langem Artillerie in Kriegen ein, aber ihre Schiffe bestückten sie nicht mit großen Kanonen.

CHINA

Die Meere des Fernen Ostens sind weit stürmischer als das Mittelmeer. Paddel und Ruder hatten entsprechend nicht die Bedeutung wie Segel. Der früheste eindeutige Beleg für den Gebrauch des Vorder- und Achtersegels in China ist auf das 3. Jahrhundert n. Chr. datiert, doch ist es wahrscheinlich, dass diese Technik sehr viel früher entwickelt wurde. Einfache viereckige Segel mögen schon gut zweitausend Jahre zuvor in Gebrauch gewesen sein, denn die langen Küsten Chinas, die von einigen größeren Flussmündungen unterbrochen werden, von denen der Jangtse der längste und breiteste ist, waren günstig für die Herausbildung zahlloser Seefahrtsgemeinden. Am Ende des 1. Jahrtausends n. Chr. hatten diese eine Vielzahl von Schiffstypen für die Küsten- und Hochseeschifffahrt entwickelt. Aus der Summe dieser Erfahrungen entstand das charakteristische chinesische Segelschiff, das nach dem in arabischen Quellen auftauchenden Wort «jong» gewöhnlich als Dschunke bezeichnet wird. Dieses Boot war sowohl für die hohe See als auch für breite Flüsse wie den Jangtse geeignet.

Dank des Venezianers Marco Polo (1254–1324) und des weit gereisten arabischen Geographen Ibn Battuta (1304–1377) verfügen wir über eindringliche Schilderungen aus den Häfen des 13. und 14. Jahrhunderts. Der Vergleich europäischer und chinesischer Berichte sowie künstlerischer und archäologischer Zeugnisse lässt ein verlässliches Bild der typischen großen Handelsschiffe Chinas während des 14. Jahrhunderts entstehen. Diese bestanden aus Kiefern- oder Tannenplanken mit eisernen Verankerungen und verschiedenartigen Kalfaterungen und verfügten über innere wasserdichte Schotten, vier bis sechs Masten und eine komplexe Takelage. Die Segel waren entweder aus Leinwand oder Matten und mit Latten versteift. Der Rumpf war sanft gebogen, hatte aber keinen Kiel, und das Heck schloss mit einem breiten vertikalen Brett oder Heckwerk ab. An ihm fand problemlos das an einer Stange befestigte Heckruder seinen Platz, eine Erfindung, die bereits auf das 4. Jahrhundert n. Chr. datiert wird. Zum Heckruder und anderen Innovationen wie dem Fallkiel oder dem kurzen Schwert kam die Takelage mit ihren an einem Drehpunkt befestigten Segeln, die sehr viel einfacher auf die Stärke und die Richtung des Windes einzustellen waren als die Standardtakelung der arabischen und westlichen Tradition. Dies alles ermöglichte es den chinesischen Seefahrern, die Dschunken sehr dicht vor dem Wind zu segeln sowie schnelle und präzise Richtungsänderungen vorzunehmen.

Die Anfänge der modernen Kriegsführung auf See

Im 16. Jahrhundert wurde in Europa ein neuer Typus von Schlachtschiffen entwickelt. Als Plattformen für Geschütze entworfen, sollten sie sich von feindlichen Schiffen fernhalten und diese durch ihre Salven versenken. Folglich konzentrierten die Konstrukteure der frühen modernen Kriegsschiffe sich darauf, den Gegner mit so vielen Geschützen wie möglich zu bedrohen. Die Schiffe erhielten mehrere Decks, einen niedrigen Schwerpunkt und eine sehr robuste Konstruktion. Taktiken wie die «Kampflinie» wurden entwickelt, um den Vorteil der Breitseiten auszunutzen, die viele Geschütze abfeuern konnten: Die Schlachtschiffe segelten an ihrem auf See oder an Land befindlichen Ziel vorbei und feuerten die mächtigen Geschütze aus einer geeigneten Entfernung ab.

Ein berühmtes frühes Beispiel für die Veränderungen in der Taktik des Seekrieges ist die Niederlage der spanischen Armada, die 1588 mit ihrem Versuch, England zu besetzen, scheiterte. Die englische Flotte war aus etwa hundert Schiffen zusammengewürfelt, im Wesentlichen bewaffnete Handelsschiffe und eine große Zahl von Freibeutern. Den Kern bildeten 19 große und schnelle Kriegsschiffe mit vielen Geschützen. Die englischen Schiffe waren wendiger als die der Armada und dem Gegner insgesamt an Schussweite, Feuerkraft und Anzahl der Geschütze weit überlegen. Kapitäne waren Männer wie Francis Drake, die bei ihren Piratenüberfällen reichlich Erfahrung in der Jagd von Opfern auf hoher See gesammelt hatten. Die spanische Flotte bestand aus mediterranen Galeeren, Kriegsschiffen, bewaffneten Handelsschiffen und Hulken. Sie hatten den Auftrag, durch den Kanal zu fahren, in den Niederlanden eine große Armee aufzunehmen und sie gegen die vorherrschenden südwestlichen Winde nach England zu transportieren. Den spanischen Kommandeuren fehlte ein geeigneter Stützpunkt für ein konzertiertes Vorgehen und sie unterschätzten die Gefahren, die von einer großen, gut bewaffneten feindlichen Flotte auf ein Vorhaben von solcher Größe ausgingen.

Im Endeffekt lässt sich der Sieg der Engländer ebenso sehr auf das widrige Wetter und die unzureichende Strategie des Feindes wie auf die Qualität ihrer Schiffe und ihres seemännischen Könnens zurückführen, aber er lieferte einen Vorgeschmack auf jene Seegefechte, die in den Auseinandersetzungen der aufstrebenden europäischen Seemächte üblich werden sollten. Die Wirksamkeit spezialisierter Kriegsschiffe mit einer starken Artillerie wurde ebenso eindrucksvoll demonstriert wie die Schwierigkeit, von See aus erfolgreich eine Invasion gegen einen Feind durchzuführen, dem eine starke Kriegsmarine zur Verfügung steht.

Im Laufe des 17. und 18. Jahrhunderts nahm die Zahl der Kriegsschiffe der bedeutenderen europäischen Mächte, ihre Größe und Zerstörungskraft ständig zu. Die größeren Schiffe der französischen und englischen Flotte führten im 17. Jahrhundert 50, 60 oder sogar 70 Geschütze und verdrängten bis zu 2 000 Tonnen. In der Mitte des 19. Jahrhunderts verfügte ein erstklassiges Schlachtschiff über 130 Geschütze und verdrängte 3 000 Tonnen. Mit der Einführung von Eisen- und Stahlkonstruktionen sowie der Dampfkraft im 19. Jahrhundert, die im 20. Jahrhundert allmählich durch den Antrieb mit Dieselmotoren verdrängt wurde, erreichten Kriegsschiffe wahrlich gigantische Ausmaße mit einer Wasserverdrängung von bis zu 50 000

Tonnen. Hinten geladene Schnellfeuergeschütze ermöglichten es ihnen, Seeschlachten auszutragen, auch wenn die Schiffe noch Meilen voneinander entfernt waren. Lenkwaffenraketen und Flugzeuge haben diese Entfernungen noch weiter ausgedehnt, aber das Prinzip des Kriegsschiffs als einer schwimmenden Geschützplattform ist im Wesentlichen das gleiche geblieben.

Dampfkraft

Die Erfindung der Dampfschifffahrt revolutionierte die Seefahrt nicht über Nacht. Über Jahrhunderte verbesserte Schiffskonstruktionen und Segeltechniken sowie das auf sie zugeschnittene hohe seemännische Können der Handelskapitäne boten einen gehörigen Vorsprung. Auf dieses Niveau mussten die Dampfschiffe sich erst mühsam emporkämpfen, bevor sie die Vorherrschaft des Segels brechen konnten. Die ersten dampfgetriebenen Schiffe wurden von Schaufelrädern vorwärts bewegt, eine Antriebstechnik, die schon den Römern bekannt war und in begrenztem Umfang im 12. und 13. Jahrhundert von den Chinesen benutzt wurde.

Die neue Technik wurde Ende des 18. Jahrhunderts in Frankreich, den Vereinigten Staaten und Schottland zunächst auf Seen, Flüssen und Kanälen ausprobiert. Aber die Ehre, den ersten funktionsfähigen Raddampfer gebaut zu haben, schreibt man William Symington und Patrick Miller zu, deren nach ihrem Förderer Lord Dundas benannte *Charlotte Dundas* 1801/02 Lastkähne durch den Forth-Clyde-Kanal in Schottland schleppte. Die vielversprechenden Fahrten wurden jedoch bald eingestellt, da Befürchtungen laut wurden, das Kielwasser könnte Schaden an den Uferböschungen anrichten. Das technische Novum verrottete. Ein weiterer Raddampfer wurde auf dem Clyde vom Stapel gelassen, die *Duke of Argyle*, die 1814 die Binnengewässer verließ und über Dublin und Plymouth bis nach London die See durchpflügte. In den 1820er Jahren gab es Raddampfer überall auf der Welt. Seetüchtig waren sie aber nur bedingt, da in dem relativ schlanken Rumpf zwischen den Schaufelrädern große Mengen Kohle, die Dampfmaschine und die Kessel Platz finden mussten. Allein was die Ladekapazität anging, waren sie den meisten Segelschiffen unterlegen.

Der Siegeszug der großen, schnellen Handels- und Kriegsschiffe ohne Segel begann mit der Erfindung der Schiffsschraube. Diese Art, die Kraft der Dampfmaschine wie auch spätere Formen von Maschinenkraft umzusetzen in Antrieb, wird bis zum heutigen Tage überall auf der Welt benutzt. Die Anfänge waren jedoch zunächst bescheiden. 1836 nutzte ein Farmer namens Francis Pettit Smith eine Schiffsschraube, die er aus dem Modellbootsbau übernommen hatte, um eine Dampfbarkasse aus der Themsemündung nach Folkestone fahren zu lassen. Mit Geldgebern und Ingenieuren gründete er eine Gesellschaft zur Erforschung des Propellerantriebs im Schiffbau. Ihr Prototyp, die nach dem antiken Ideengeber benannte *Archimedes*, bewies 1843, dass ein derartiges Antriebssystem für Dampfschiffe funktionierte. Aber es war der berühmte I. K. Brunel, der kurz darauf das erste Dampfschiff konstruierte, in dessen eisernen Rumpf eine solche Schraube planvoll eingepasst war. Die *Great Britain*, ebenfalls 1843 gebaut, war allerdings mit ihren 9 Knoten zu langsam und bot zu wenig Platz, um als Frachtschiff gegen die Konkurrenz unter Segeln anzutreten. Und auch das Marineministerium des britischen Empire, das sich durchaus interessiert zeigte am Dampfantrieb, musste von der Tauglichkeit der Schiffsschraube erst noch überzeugt werden. Den Durchbruch brachte 1845 eine Wettfahrt zwischen zwei Kriegsschiffen von vergleichbarer Größe und Maschinenleistung. Die mit einer Schraube ausgestattete HMS *Rattler* ging als klarer Sieger gegen den konventionellen Raddampfer HMS *Alecto* hervor, der vor den Augen der Admiralität gegen die Bewegung der eigenen Schaufelräder nach hinten gezogen wurde und auf diese Weise die Überlegenheit der Schraube anschaulich demonstrierte. Auch wenn für die Traditionalisten die Vorstellung ein Gräuel gewesen sein muss, den Rumpf eines Schiffes unterhalb der Wasserlinie zu durchbohren, um es schneller durch die Gewässer zu treiben – die dampfbetriebene Schiffsschraube wurde zur gängigen Antriebskraft der gepanzerten Kriegsschiffe der Royal Navy.

Eine Reihe weiterer Entwicklungen war nötig, bevor Dampfschiffe in der Lage waren, in der Handels- wie Kriegsmarine weltweit die Segelschiffe zu verdrängen. Die Maschinen mussten kleiner und leistungsfähiger gemacht werden, zumal das übliche Heizmaterial, die Kohle, eine sperrige und schwere Fracht war, die nichts einbrachte. Man schätzt, dass der Anteil der dampfbetriebenen Schiffe zwischen 1850 und 1870 von etwa 15 auf etwa 50 Prozent stieg. Dann wurde das Dampfschiff zum Handelsschiff Nummer eins. Gegen Ende der 1880er Jahre war weltweit nur noch ein Viertel der Handelsschiffe unter Segeln. Doch egal, wie groß, schnell und beliebt die eisernen Dampfschiffe wurden, es liefen auch weiterhin legendäre Segelschiffe vom Stapel und verkehrten auf den großen transozeanischen Handelsrouten.

Die gewaltige Zunahme der Dampfschifffahrt im dritten Viertel des 19. Jahrhunderts war vor allem ein britisches Phänomen. Stellten britische Schiffe 1850 bereits ungefähr 25 Prozent der Dampfertonnage der Welt, waren dies 1880 über 50 Prozent. Im Handel dominierte das britische Empire die gesamte maritime Welt. In dieser Zeit gab es nur wenige Seeschiffe, die nicht wenigstens einmal britische oder von Briten kontrollierte Häfen angelaufen haben. Dahinter stand auch die Rolle Großbritanniens als Spitzenreiter der industriellen Revolution, deren technologische Errungenschaften das Eisen zum bevorzugten Material für Großkonstruktionen machten – und zur Entwicklung des eisernen Rumpfes führten. Mit der Eisenpanzerung von Kriegsschiffen in konventioneller Holzbauweise war schon im frühen 19. Jahrhundert experimentiert worden. Das erste Kriegsschiff ganz aus Eisen war die HMS *Warrior*, die 1860 vom Stapel lief. Im letzten Viertel des 19. Jahrhunderts ersetzten die wichtigen Seemächte der Welt konsequent die hölzernen Segelschiffe durch Eisen- und schließlich Stahlschiffe.

Häfen

Die früheste Form des Seetransports benötigte keine besonderen Einrichtungen an Land. Sobald jedoch die frühen Zivilisationen begannen, regelmäßig Handel zu treiben, entwickelten sie Häfen, um die Schiffe sicher unterzubringen. Der früheste Nachweis für einen von Menschen angelegten Hafen stammt aus Indien. In Lothal, im Golf von Khambhat, stießen Archäologen auf ein rechteckiges Bassin mit Wänden aus Schlammziegeln und einem Kai, das sie auf das 3. Jahrtausend v. Chr. datierten. Bei Unterwasserausgrabungen in der Nähe der heiligen Stadt Dwarka wurden Überreste eines indischen Hafens vermutlich aus dem 15. Jahrhundert v. Chr. entdeckt, eine Periode, aus der auch schriftliche Quellen über Hafenanlagen in Ägypten berichten. Es ist wahrscheinlich, dass die größten am Meer gelegenen antiken Städte rund um das Mittelmeer und am Indischen Ozean gegen Ende des 1. Jahrtausends über ausgedehnte Kais und Hafenbecken verfügten.

Bereits damals hatten Häfen eine strategische Bedeutung, für die Netzwerke des Handels wie für die Operation von Seestreitkräften. Das ist bis in unsere Tage so geblieben. Viele Seeschlachten wurden seitdem geführt, um den Zugang zu Häfen zu erlangen oder zu verwehren.

Die Grundzüge von Hafenanlagen, wie sie bis in unsere Epoche hinein gültig geblieben sind, wurden Ende des 1. Jahrtausends innerhalb eines kurzen Zeitraums gleichzeitig in vielen Teilen der Welt entwickelt: Kais mit Kränen, Lagerhäusern und Büros. Die Entwicklungen im Schiffsbau führten zu entsprechenden Veränderungen in der Größe und Art der Hafentechnologie, aber die grundlegenden Einrichtungen sind im Wesentlichen über die Jahrhunderte gleich geblieben. Wahrscheinlich liegt der größte Unterschied zwischen vorindustriellen und modernen Häfen in der Quantität. Die modernen Häfen, in denen Tanker und Containerschiffe heute anlegen, haben die Größe kleiner Städte.

Bereits die Handelshäfen der vorindustriellen Zeit standen im regen Austausch mit ihrem prosperierenden agrarischen und kommerziellen Hinterland. Marseille verband die landwirtschaftlichen Gebiete und Städte Frankreichs mit dem Mittelmeer. Alexandria diente nicht nur dem Niltal als Hafen, sondern auch den Ländern des Nahen Ostens, die mit der Stadt über die antiken Karawanenrouten in Verbindung standen. Der Golf von Khambhat, an dem die Häfen von Lothal und Broach liegen, eröffnete der Region Gujarat, dem Industal und den Nahrungsmittel und Textilien produzierenden Gebieten des nördlichen Indien einen vorzüglichen Zugang zum Meer. Weiter nördlich im Landesinneren stößt man auf die wichtigsten Handelswege nach Zentralasien. Die Mündung des Jangtse ist von jeher ein zentraler Umschlagplatz für den ungeheuren Reichtum Zentralchinas gewesen.

Die Verbesserung der Infrastrukturen und die Entdeckung neuer Transportmittel an Land haben sich auch auf die Häfen ausgewirkt. Kanäle, die wichtigere Häfen mit Flüssen und im Innern des Landes liegenden Zentren verbinden, findet man am Mittelmeer, in Indien und China schon im 1. Jahrtausend n. Chr. Eisenbahnen und Straßenverbindungen jedoch sind Errungenschaften des industriellen Zeitalters. Die Erschließung des Inneren der Kontinente hat den weltweiten Austausch, auch den überseeischen enorm gesteigert. Städte wie Bremen oder Hamburg konnten im letzten Drittel des 19. Jahrhunderts zu Hauptumschlagplätzen für auswanderungswillige Mittel- und Osteuropäer werden, weil die Eisenbahn Menschen über große Strecken zu den Häfen beförderte. Nordamerika wiederum konnte so viele Einwanderer aufnehmen, weil Bahnstrecken die Neuankömmlinge ins Landesinnere weiterleiteten. Dank verbesserter Verkehrswege können die Bevölkerung und die Industrien, mit denen ein Seehafen sich im Austausch befindet, nun in großer Entfernung liegen. Große Handelshäfen sind in der Folge zu hoch effizienten Durchgangsstationen für weite Einzugsgebiete geworden. Ihre Zahl hat sich entsprechend weltweit verringert und der Prozentsatz der Weltbevölkerung, der regelmäßig Kontakt mit Seeleuten hat, die im Überseehandel tätig sind, ist gesunken. Wo der Transport von Containern per Bahn oder LKW auf gut funktionierende Verkehrsnetze zurückgreifen kann, steigt der Wettbewerb benachbarter Häfen, wie in Europa, enorm.

Der rechte Kurs

Die Kunst der Navigation besteht darin, für ein Schiff den Weg von einem Ort zu einem anderen zu finden, ohne dass man diesen sehen kann. Selbst auf dem Wasser ist es verhältnismäßig leicht, die Strecke zwischen zwei Orten zielsicher zu bewältigen, wenn diese in Sichtweite liegen. Sobald das Ziel jedoch außer Sichtweite ist, benötigt der Seefahrer besondere Hilfsmittel. Die einfachste Methode, die noch nicht auf Karten und Instrumente zurückgreift, wird als Koppelung bezeichnet. Sie ist, einfach ausgedrückt, nichts weiter als die Aneinanderreihung geschätzter Entfernungen und der Richtungen, die ein Schiff nach dem Auslaufen von seinem Ausgangspunkt gefahren ist. Solche Beschreibungen listen Tagesreisen, Himmelsrichtungen und Orientierungspunkte auf. Aber selbst wenn ein Kapitän die besondere Fahrleistung seines Schiffes sehr gut kennt, müssen bei diesen Angaben starke Abweichungen in der Geschwindigkeit und Richtung einkalkuliert werden, verursacht durch wechselnde Strömungen und Winde oder Dünung. Mit Hilfe der Koppelung ist es durchaus möglich, Seereisen bis zu einigen hundert Meilen über das offene Meer mit einer gewissen Verlässlichkeit zu bestimmen, obwohl kumulative Fehler auch dazu führen können, das Ziel weit zu verfehlen. Grundsätzlich gilt: Je mehr Informationen ein Seemann über die Lage seines Bestimmungsortes und die Eigenschaften der zu durchfahrenden Gewässer hat, desto besser.

In der Antike und im frühen Mittelalter, als es keine genauen Seekarten gab und die präzise Berechnung der Entfernungen auf See noch nicht möglich war, verließen sich die Seeleute gänzlich auf ihre Erfahrung und ihr Wissen über die Eigenschaften ihres Schiffes, die üblichen Winde, Gezeiten und Strömungen, das Aussehen der unterschiedlichen Küstenformationen und die Wassertiefen in deren Nähe, sowie die typischen Fische, Vögel und Meeressäuger in bestimmten Gewässern. Wo nötig griffen sie auf das gesammelte Erfahrungswissen ihrer Seefahrerkollegen zurück.

Diese Art des ungefähren Wissens, wo Orte liegen und wie man sie erreichen kann, wird in der folgenden Beschreibung der Lage Islands aus dem Buch der Besiedlungen, dem *Landnámabók*, veranschaulicht, das im 12. Jahrhundert zusammengetragen wurde: «Erfahrene Männer berichten, dass es von Stad in Norwegen nach Horn auf Island eine Seereise von sieben Tagen nach Westen ist, und von Snäfellsjökull (im Westen Islands) ist es eine viertägige Seefahrt in westlicher Richtung nach Grönland an jene Stelle, wo das Meer sich verengt. Wenn man von Bergen genau nach Westen zum Kap Farvel auf Grönland segelt, sagt man, fahre man einen halben Segeltag südlich an Island vorbei. Von Reykjanes im südlichen Island ist es eine fünftägige Segelreise nach Süden bis Slyne Head in Irland, und von Langanes in Nordisland braucht man vier Tage nordwärts nach Spitzbergen im Arktischen Meer.»[2]

Der kurze Auszug aus dem Bericht der Besiedlung und frühen Geschichte Islands illustriert ausgezeichnet, dass vor der Entwicklung von Seekarten und Navigationsinstrumenten die Entfernungen mittels der an einem Tage zurückgelegten Strecke eines Segelschiffes geschätzt wurden. Das bedeutet aber nicht, dass man simplifizierend angenommen hat, dass alle Schiffe eine Strecke in der gleichen Zeit bewältigten. Die Tagesreise als Maßeinheit beruht auf der Schätzung, wie weit ein schnelles Segelschiff bei gutem Wetter und günstigem Wind kam. Die angegebenen Zahlen erweisen sich als angemessene Wiedergabe der Relationen wirklicher Entfernungen: Island ist ungefähr doppelt so weit von der Westküste Norwegens entfernt wie von der Ostküste Grönlands. Tatsächlich konnten wenige Schiffe hoffen, die Überfahrt so schnell zu schaffen. Besonders optimistisch erscheinen die angegebenen Fahrzeiten nach Irland und Spitzbergen. Sie scheinen vorherrschende Strömungen und Winde in Betracht zu ziehen, die für Seereisen in westlicher Richtung im Frühjahr und Sommer überwiegend günstig, im Spätsommer und Herbst sogar sehr zuverlässig sind.

Als Orientierungspunkte dienen zumeist Landspitzen oder vorgelagerte Inseln. Snäfellsjökull und Reykjanes sind die Namen zweier Halbinseln an der Südwestküste Islands. Die heutige Hauptstadt Reykjavik liegt an der Bucht von Faxaflói zwischen ihnen. Slyne Head ist eine kleine Insel vor der Küste Connemaras im County Galway. Selbst vergleichsweise niedrige Erhebungen lassen sich vom Meer aus auf etwa zehn Meilen Entfernung ausmachen. Dabei mag es für einen Neuling unmöglich erscheinen, an einer langen Küste eine solche Landspitze von der an irgendeiner anderen zu unterscheiden, aber ein geübtes Auge kann leicht die geringfügigsten Unterschiede wahrnehmen. Erfahrene Seeleute pflegten umfassende persönliche Archive der Unterscheidungsmerkmale von Küsten anzulegen, die es ihnen ermöglichten, genau zu bestimmen, wann sie einen besonderen Punkt erreicht hatten.

Es war auch durchaus üblich, Proben vom Meeresboden nehmen, um herauszufinden, welche Art von Steinen, von Sand oder Schlamm sich unter dem Schiffsrumpf befand. Das Loten, die Praxis der Messung der Wassertiefe unter dem Kiel, konnte sehr hilfreich sein, nicht nur, um die Wahrscheinlichkeit einer weiterhin sicheren Passage zu bestimmen, sondern auch, um die Position eines Schiffes zu schätzen. Diese Versuche der Lokalisierung durch Überprüfung der umgebenden Bedingungen waren eher erfolgversprechend in Gewässern mit wechselnden Tiefen und stark variierenden geologischen Gegebenheiten. Seefahrer nutzten sie daher im Mittelmeer seltener als in der Nordsee oder im Atlantik.

Die Bedeutung solcher lokaler meteorologischer Kenntnisse zeigt besonders anschaulich der berühmte Monsun. Die jahreszeitlich von Ost nach West umspringenden Winde erlauben es hinreichend stabilen Schiffen, den Indischen Ozean schnell und direkt zu überqueren. Jedenfalls jeweils in einer Richtung: Zwischen Juni und September herrschen Winde von Südwest nach Nordost vor und zwischen November und April solche von Nordost nach Südwest. Auf diese Weise begünstigen die Monsunwinde auch die Fahrt entlang der Küsten von Ostafrika, Arabien, Indien sowie der Inseln Südostasiens. Ihr Name stammt von dem arabischen Wort «mausim», was «eine Windsaison» bedeutet. Die Nutzbarmachung der Regelhaftigkeit der Monsunwinde war für die gesamte Region des Indischen Ozeans ein riesiger Schritt nach vorn. Sie gelang bis zur Mitte des 1. Jahrtausends v. Chr. und ermöglichte den direkten Handel zwischen Ostafrika und Indien sowie Indien und Südostasien. Das neue maritime Netzwerk verbesserte auch den Kontakt zwischen dem Nahen Osten, der Mittelmeerregion und Südasien. In jedem dieser Gebiete wuchs das Wissen über die anderen Völker, ihre Produkte und Bedürfnisse. Von den erfahrenen Seefahrern des Indischen Ozeans lernten die Seeleute des Mittelmeers, wie man die Winde voraussagen und sich zunutze machen konnte.

Ähnlich bedeutende Entdeckungen machten später auch europäische Seeleute. Das gewachsene Wissen darüber, wie man die Winde des Westatlantik und die Landwinde an der Westküste Afrikas nutzen konnte, war die Voraussetzung für die Ausweitung des portugiesischen Einflusses im späten 15. und 16. Jahrhundert. Bei seiner Reise zum Kap der Guten Hoffnung segelte Vasco da Gama 1497 unter effektiver Nutzung der vorherrschenden Winde. 1611 entdeckte der holländische Kapitän Hendrick Brouwer, wie man mit Hilfe der starken westlichen Winde auf direktem Weg vom Kap der Guten Hoffnung bis zur Sundastraße zwischen Sumatra und Java gelangte. Die «stürmischen Vierziger» in diesem Teil des Indischen Ozeans zwischen dem 39. und dem 50. Breitengrad trieben ein Schiff gelegentlich aber auch zu weit nach Osten, und auf diese Weise wurde 1616 die Westküste Australiens gesichtet.

Die frühen Seefahrer aller Regionen blickten in den Himmel, um den Kurs zu halten. Hatte man sich die Konfigurationen der Himmelskörper eingeprägt, wurden sie, wenn sichtbar, zu einem verlässlichen Führer. Zentrale Orientierung gab die von der Jahreszeit und vom Breitengrad abhängige Position der Mittagssonne, und zwar mit ziemlicher Sicherheit seit sehr frühen Zeiten bei den meisten seefahrenden Kulturen, auch wenn eine beträchtliche Lücke klafft zwischen der mündlichen Überlieferung der Seefahrer und deren schriftlicher Fixierung, die erst für die antiken und mittelalterlichen Gesellschaften nachweisbar ist. Die Himmelsnavigation ist besonders unproblematisch in den Tropen, da die Sterne in diesen Regionen stetiger und fast immer sichtbar sind. In nördlicheren Breiten scheinen alle bis auf den Polarstern ihre Lage zu verändern und über den Himmel zu wandern.

Im 15. Jahrhundert fand der Gebrauch des Astrolabiums unter den europäischen Seeleuten allgemeine Verbreitung, ein leidlich genaues Instrument zur Messung der Sternenhöhe über dem Horizont, das aber nur an Land oder bei sehr ruhiger See verwendet werden konnte. In Portugal, der zweiten Seemacht von Weltgeltung dieser Zeit neben Spanien, führte Martin Behaim das Astrolabium aus Metall ein. Behaim stammte aus Nürnberg, das für die Herstellung astronomischer Geräte berühmt war, wurde 1482 zum geographisch-nautischen Berater des Königs in Lissabon ernannt und war an einigen der legendären Entdeckungsfahrten der Portugiesen maßgeblich beteiligt. 1492 entwarf er den ältesten bekannten Globus.

Wann genau man begonnen hat, sich zur Richtungsbestimmung auf See am magnetischen Nordpol zu orientieren, ist schwer festzulegen. Die Eigenschaften des Magneteisens, das zuverlässig in Richtung des Polarsterns wies, waren schon den Wikingern bekannt, schriftliche Hinweise auf den Kompass sind aber erst im Westeuropa des späten 12. Jahrhunderts nachweisbar. Etwa zeitgleich mit den Chinesen fanden die Europäer heraus, dass ein längliches Magneteisen, das in einer Schale schwamm, sehr effektiv war. Und der Überlieferung nach waren es die Seeleute des italienischen Hafens von Amalfi, die als erste den Kompass auf dem Mittelmeer benutzten. In Europa ging man nach und nach dazu über, feine Nadeln zu magnetisieren und auf einer Messingspitze flexibel zu befestigen. Nun ließ sich auf dem Boden des Kompasses eine Windrose anbringen, an der der Steuermann ablesen konnte, in welche Himmelsrichtung er fuhr. Seit dem 15. Jahrhundert war die Navigation mit dem Kompass in der europäischen Seefahrt allgemein gebräuchlich. Italienische Navigatoren entwickelten ein ziemlich genaues System, um ihre Position im Mittelmeer und in angrenzenden Gebieten mit Hilfe eines Kompasses, einer Seekarte und einer Liste von Segelrouten zu bestimmen. Die arabischen Seefahrer übernahmen den Seekompass vermutlich von den Europäern und verwendeten ihn seit dem 13. Jahrhundert. Bei den Seeleuten im Indischen Ozean war der Einsatz des genauen astronomischen Wissens gebräuchlicher als bei ihren europäischen Kollegen. Das als Al-Kemal bekannte arabische System verwendete ein einfaches Instrument aus Holz und Faden zur Messung und Überprüfung bestimmter Himmelskörper nach den gleichen Prinzipien wie das Astrolabium.

Ein wichtiger Fortschritt in der Navigationskunst war die Verkleinerung der Zeiteinheiten, die man zur Berechnung der zurückgelegten Strecke benutzte, von Tagen zu Stunden, schließlich zu Minuten und sogar Sekunden. Die venezianischen Hersteller von Glaswaren stellten qualitativ hochwertige Stundengläser her, die seit dem 13. Jahrhundert weite Verbreitung fanden. Aber die Sanduhren waren nicht sonderlich genau. Der berühmte katalanische Philosoph Ramon Lull schlug eine Methode zur Zeitbestimmung vor, welche die sichtbare Bewegung jener zwei Trabanten des Kleiner Wagen genannten Sternbildes zur Grundlage nahm, die den Polarstern umkreisen. Diese Methode versprach zwar exakte Ergebnisse, erforderte aber fundiertes astronomisches Wissen und spezialisierte Instrumente. Für einfache Seeleute war sie kaum geeignet. Die erforderliche Präzision für eine genaue Navigation fehlte auch noch den ersten mechanischen Zeitmessern, die im 17. Jahrhundert aufkamen.

Um eine Erfassung der Bewegungen auf der Himmelskugel durch astronomische Tafeln bemühten sich Forscher seit dem 4. Jahrhundert v. Chr. Die Grundlage für die bis heute verwendeten so genannten Ephemeriden legte 1617 Johannes Kepler. Als gegen Ende des 15. Jahrhunderts ein vollständiger Satz vorlag und dank des Buchdrucks weithin Verbreitung fand, wurde es theoretisch möglich, die eigene Position östlich oder westlich eines festgelegten Punktes durch eine einfache Berechnung zu bestimmen. Sie verwendete die vor Ort beobachtete Position der Sonne zu Mittag sowie die Differenz zwischen der Ortszeit und der Zeit auf einem festgelegten Längengrad wie beispielsweise dem, auf dem Greenwich liegt. Jeweils 15° östlicher oder westlicher Länge entsprechen einer Stunde mehr oder weniger, gemessen an der Zeit in Greenwich. Um eine solche Berechnung jedoch exakt durchführen zu können, musste der Seemann, auch wenn er gerade vor Sansibar kreuzte, wissen, wie spät genau es in Greenwich war. Nur auf diese Weise ließ sich eine verlässliche Berechnung des Längengrades auf See bewerkstelligen. Zur Lösung des Problems, die genaue Greenwicher Zeit anzuzeigen, gab es verschiedene Ansätze der bedeutenden europäischen Seefahrernationen. Charakteristisch für die britische Kombination von privatem Unternehmergeist, Wettbewerb und staatlicher Lenkung war die Einrichtung einer Kommission für die Ermittlung der Längengrade auf See im Jahr 1714 per Parlamentsbeschluss. Diese setzte einen Preis von 20 000 Pfund für ein System der Ortsbestimmung aus, das eine Abweichung von höchstens 30 Meilen aufwies. Den Preis erhielt schließlich 1765 der englische Uhrmacher John Harrison (1693-1776) zugesprochen für seinen kleinen, aber höchst genauen Chronometer. Das volle Preisgeld wurde allerdings erst ausgezahlt, als die Kommission sich überzeugt hatte, dass seine Uhren allgemein verwendbar waren. Eine von Harrison entworfene Uhr benutzte Kapitän Cook 1775 auf seiner Reise in den Pazifik. In Verbindung mit den astronomischen Tafeln und einem genauen Messinstrument wie dem 1757 erfundenen Sextanten lieferte das Chronometer schließlich ein wirklich exaktes System zur Bestimmung des Längen- und Breitengrades. Im Nationalen Seefahrtsmuseum in Greenwich können Exemplare dieser Uhr besichtigt werden, die nach all den Jahrhunderten noch laufen. Die globale Anerkennung von Greenwich als dem 0° Meridian für derlei Berechnungen erfolgte erst 1880, zu einer Zeit, als die Handelsnetze der Welt zusammengelegt wurden und die britische Seemacht sich auf ihrem Höhepunkt befand.

Seit Mitte der 1980er Jahre ist ein vollständig anderes und einfacheres System verfügbar für die Positionsbestimmung auf See beziehungsweise an jedem beliebigen Punkt auf der Oberfläche des Globus: das Global Positioning System (GPS). 24 Satelliten, die vom amerikanischen Verteidigungsministerium in eine Umlaufbahn um die Erde gebracht worden sind, senden Signale an Handempfänger. Diese können durch die Messung der Zeitunterschiede zwischen den Signalen, die von mehreren Satelliten empfangen werden, eine Standortbestimmung vornehmen, die bis auf wenige Meter genau ist.

II

Handel

Als Handel lässt sich jede Übertragung von Waren oder Eigentum definieren, bei der eine Form von Tausch vollzogen wird. Die Einrichtung von Handelsnetzwerken über weite Entfernungen ist bei einfachen menschlichen Gemeinschaften noch nicht gebräuchlich oder notwendig, sie ist ein typisches Merkmal urbaner Zivilisationen – von Babylon und Athen über Lübeck und Venedig bis Hongkong und New York City. Ebenso wie die riskanten ersten Versuche der Menschheit, sich aufs offene Meer zu begeben, vermutlich der Nahrungsmittelsuche dienten, nämlich dem Fischfang, scheint die früheste Form des Seehandels aus dem Tausch von Nahrungsmitteln und Rohmaterialien, von Kleidung und Werkzeug zwischen kleinen Fischergesellschaften hervorgegangen zu sein. Derartige Verbindungen durch regelmäßige Handelsbeziehungen über weite Strecken spielen eine Schlüsselrolle im Prozess der Zivilisation. In der wechselseitigen Beeinflussung haben sich jene wirtschaftlichen und kulturellen Muster herausgebildet, die für die hoch entwickelten Kulturen im Mittelmeer, im Nahen und Mittleren sowie im Fernen Osten charakteristisch waren und bis heute prägend geblieben sind.

Die ersten bedeutenden Städte entstanden in den fruchtbaren Stromtälern des Orients. Diese frühen städtischen Zentren am Nil, an Euphrat und Tigris sowie am Indus bewirkten ein beträchtliches Wachstum des Handels über Land und über See. Verbesserte landwirtschaftliche Technik und Bewirtschaftung ließen in diesen Gebieten seit dem späten 4. und frühen 3. Jahrtausend v. Chr. komplexe Gesellschaften entstehen, in denen sich oberhalb der primären landwirtschaftlichen Nahrungsmittelproduzenten komplexe soziale Differenzierungen und hierarchische Ordnungen entwickelten. In dieser Zeit bildeten sich die spezialisierten Berufe der Handwerker, Kaufleute, Seefahrer, Krieger, Priester und Verwalter heraus. Im Zusammenwirken mit den herrschenden Eliten betrieben diese Gruppen den Auf- und Ausbau von komplexen, verflochtenen Handelsbeziehungen, die sie in die Lage versetzten, die neuen Konsumenten in den Städten, Palästen und Tempeln mit besseren und vielfältigeren Waren zu versorgen. Im 2. Jahrtausend v. Chr. vollzog sich in China eine ähnliche Entwicklung, nur mit dem Unterschied, dass hier der Handel auf den mächtigen Flüssen des Landes eine bedeutendere Rolle spielte als der Seehandel.

Bereits vor einigen tausend Jahren wurden in den Regionen des antiken Mittelmeers, am Indischen Ozean und Atlantik Nahrungsmittel und Luxusgüter wie Parfums, Gewürze, Edelmetalle und Textilien regelmäßig auf lokaler und regionaler Ebene gehandelt. Aufgrund ihrer Verfügbarkeit durch den Seehandel konnten einige Waren eine fast universelle Beliebtheit erlangen. Diese Nachfrage hatte, damals wie heute, nicht unbedingt etwas mit ihrem praktischen Wert zu tun. Glasperlen waren über Jahrhunderte der Exportschlager Südindiens und Mesopotamiens. Noch mehr wurden die schönen Kaurimuscheln der Malediven geschätzt. Von Zentralafrika bis nach China dienten sie als Statusabzeichen, Fruchtbarkeitssymbol und Dekoration sowie als eine Form von Währung.

DER FRÜHE SEEHANDEL IM MITTELMEERRAUM

Mit dem vermehrten Auftreten schriftlicher Quellen seit Ende des 2. Jahrtausends v. Chr. wird es möglich, ein verhältnismäßig klares Bild von den Handelsstrukturen dieser Zeit im Mittelmeerraum zu gewinnen. Offizielle wie private Dokumente, Inschriften auf Monumenten und literarische Texte lassen von der zweiten Hälfte des 2. Jahrtausends v. Chr. an vor allem die phönizischen Städte und die levantinische Küste als Zentren des Seehandels in Erscheinung treten. Die umgebenden Mächte haben diese Rolle sowohl gefördert als auch bis zu einem bestimmten Grad kontrolliert. Ägypten im Süden, die Hethiter im Norden und die Assyrer, Babylonier und Perser im Osten hatten einen großen Bedarf an dem in der Levante verfügbaren Bauholz und Leinen sowie den dort gefertigten Gütern, vor allem an Möbeln, metallenen Geräten und kostbaren Kleidungsstücken. Hinzu kamen all jene Waren, die bei den Phöniziern durch ihren Handel mit anderen Orten im gesamten Mittelmeerraum zusammenliefen. Objekte des Begehrens waren aber nicht nur die umgeschlagenen Güter, sondern auch der Reichtum der aufblühenden Handelszentren selbst. Vor allem die mächtigen neuassyrischen und persischen Reiche, die in der ersten Hälfte des 1. Jahrtausends v. Chr. den Nahen Osten beherrschten, forderten die Zahlung von Tribut. In den Küstenstädten Tyros, Sidon, Byblos und Ugarit wurden Waren nicht nur eingeführt und weiter verkauft, sondern von einer spezialisierten Handwerkerschaft auch zu Luxusgütern für die Tempel und Paläste des Nahen Ostens verarbeitet. In den Häfen der levantinischen Küste lagen dicht gedrängt die Schiffe der Zwischenhändler, deren seefahrerische Aktivitäten praktisch der Dreh- und Angelpunkt der gesamten kommerziellen und kulturellen Tauschaktionen der Gesellschaften dieser Region waren. Dabei haben die Phönizier und ihre nördlichen und südlichen Nachbarn nie einen levantinischen Staat gebildet; als lose Gruppe von Städten und Siedlungen waren sie aber durch politische, ökonomische und kulturelle Gemeinsamkeiten eng verbunden. Sie alle hingen vom Seehandel ab, der ihnen nicht nur den Hauptteil ihrer Einnahmen, sondern auch relative politische Selbständigkeit verschaffte. Die Kaufleute waren in unabhängigen Handelsgesellschaften organisiert. Ihre Aktivitäten wurden ohne große Strenge von den Herrschern der jeweiligen Städte beaufsichtigt, die zum Teil die Waren, die ihre Häfen passierten, besteuerten, die aber vor allem den Erhalt guter Beziehungen zu ihren wichtigsten Kunden, den mächtigen zentralisierten Staaten der Region, im Blick hatten.

Der berühmte Reisebericht des ägyptischen Priesters Wenamon verschafft uns einen guten Einblick in den Mittelmeerhandel um 1100 v. Chr. Wenamon brach von seiner Heimatstadt Theben auf, um eine Ladung Zedernholz zu besorgen, die er brauchte, um ein neues zeremonielles Flussboot für das heilige Bild des Amon-Re bauen zu lassen. Der heilige Mann wollte von Tanis im Nildelta nach Byblos reisen, wurde aber in Dor, das für seine Seeräuber, die so genannten Tjeker, berüchtigt war, das Opfer eines Überfalls. Man raubte ihm das Edelmetall, mit dem er das Holz bezahlen wollte, und er wusste sich nicht anders zu helfen, als selbst in Sidon einige Tjeker zu überfallen, um die nötigen Mittel wieder zu erlangen. Aber ihm fehlte immer noch eine beträchtliche Summe, um den Herrscher von Byblos zur

Freigabe des wertvollen Holzes zu bewegen. Um hier voranzukommen, brachte er seine Vorgesetzten dazu, ihm eine Ladung Gold- und Silbergefäße, leinene Gewänder und Matten, Ochsenhäute, Stricke, Linsen und Fisch zu schicken. Diese Mischung von Luxusgütern und Stapelwaren war vermutlich typisch für den Warenaustausch zwischen Ägypten und Phönizien. Entweder Wenamon selbst oder einer der Kaufleute von Byblos werden in der betriebsamen Handelsstadt aus den nachgesandten Gütern die noch fehlende Summe geschlagen haben.

Wohlstand und kultureller Einfluss der levantinischen Kaufleute nahmen in dem Maße zu, wie die benachbarten Mächte ihre Reiche ausdehnten, da deren Forderungen, mit Waren und Rohmaterialien versorgt zu werden, stiegen. Im 8. Jahrhundert weiteten die Phönizier ihr ohnehin schon ausgedehntes Seehandelsnetz über das östliche Mittelmeer hinaus aus und gründeten Siedlungen an den Küsten Spaniens, Sardiniens, Siziliens und Nordafrikas. Eine von ihnen, Karthago an der tunesischen Küste, wurde selbst ein mächtiger Staat. Die anderen entwickelten sich in der Regel als Außenposten der levantinischen Kultur, welche vor Ort die Bildung von Städten und Staaten sowie die Entwicklung von komplexen sozialen Hierarchien und hoch spezialisierten Gewerben beförderte. Die Griechen verdanken den Phöniziern das Alphabet und einige ihrer politischen und wirtschaftlichen Institutionen. Sie selbst hatten einen wichtigen Einfluss auf die Herausbildung einer städtischen Zivilisation in Italien und den Aufstieg der reichsten und erfolgreichsten der antiken Mächte: Rom.

Die Griechen und Römer

Die Griechen hatten in der Bronzezeit im ganzen Mittelmeer Handel getrieben, aber der Umfang des griechischen Anteils am Handel über weite Entfernungen scheint vom 12. Jahrhundert v. Chr. an dramatisch zurückgegangen zu sein. Von den Gelehrten wird diese Zeit als das dunkle Zeitalter der griechischen Geschichte bezeichnet. Erst im 8. Jahrhundert treten neben den Phöniziern, Syrern und Etruskern wieder Griechen in Handelszentren wie Al-Mina (Poseidion) an der syrischen Küste und Pithekusa (Ischia) in der Bucht von Neapel auf. Dass der griechische Handel wieder eine Rolle spielte, hing mit der Entstehung zahlreicher unabhängiger städtischer Gesellschaften von mittlerer Größe zusammen, ähnlich denen der Levante. Diese Stadtstaaten entwickelten untereinander und mit den anderen Mittelmeerhäfen einen regen Seehandel, von der Natur begünstigt durch den vergleichsweise problemlosen Transport der Güter und Waren zwischen zahlreichen kleinen Buchten und Meeresarmen mit natürlichen Häfen.

Ein Großteil der archäologischen Belege für den griechischen und römischen Handel besteht aus keramischen Funden. Bemalte Vasen und Amphoren (Speichergefäße) lassen auf die Anwesenheit von Händlern aus Griechenland oder Rom schließen oder auf Händler, die in Kontakt mit ihnen standen. Dabei waren die Keramikgefäße nicht notwendig die eigentliche Handelsware. Häufig dienten sie als

Behälter für Massengüter wie Wein oder Fischsoße. Beim Transport von Luxusgütern wurden zum Teil bemalte Töpferwaren von bescheidenem Wert als Ballast mitgeführt.

Einige Regionen und Orte spezialisierten sich in diesem Netzwerk auf die Bereitstellung besonderer Produkte. So war etwa Ägypten für sein Glas bekannt, Kos für kostbare Textilien, Athen für Öl, das Schwarze Meer für Fisch, Sizilien für Getreide. Spezialisierte Märkte kamen auf, sei es wegen ihrer günstigen Lage an Handelsstraßen oder in der Nähe der Quellen von Angebot und Nachfrage oder aufgrund günstiger politischer Bedingungen. So war Korinth seit früher Zeit eine wichtige Verbindung zwischen dem Seehandel und dem Handel über Land. Das hellenistische Rhodos profitierte von seiner Lage zwischen der Levante und der Ägäis sowie von seinen engen Beziehungen zu Ägypten und wurde ein bedeutender Getreidemarkt. Delos, das nach 166 v. Chr. den Status eines Freihafens hatte, war ein bedeutendes Zentrum für den Sklavenhandel. Alexandria wurde unter Ptolemäus und zur Zeit der römischen Herrschaft zum zentralen Knotenpunkt zwischen den Handelsnetzwerken des Indischen Ozeans, Asiens und des Mittelmeers.

Auch die Beförderung von Gütern, Waren und Sklaven außerhalb des Tauschhandels, sei es im Rahmen von Kriegshandlungen oder Akten der Piraterie, als einseitige Geschenke oder Tribut, war ein bedeutender Aspekt der antiken Seefahrt. Ein beträchtlicher Teil des griechischen und römischen Sklavenhandels bestand aus Kriegsgefangenen oder den Opfern der Piraten, und im 2. und 1. Jahrhundert v. Chr. erhielten die Römer große Mengen Getreide als Tribut aus ihren Provinzen Sizilien und Afrika. Trotzdem war das antike Mittelmeer in erster Linie ein Wirtschaftsraum mit einem hoch entwickelten Seehandel und, besonders zur Blütezeit des römischen Kaiserreichs, integraler Bestandteil der klassischen Zivilisation. Seekriege und Piraten haben gelegentlich den Seehandel des Mittelmeers beeinträchtigt, sie haben aber selten eine lang andauernde Unterbrechung verursacht. Es lag nicht im Interesse der Mittelmeeranrainer, die Kaufleute zu entmutigen, ihre Frachten von Stadt zu Stadt zu bringen.

Die meisten Küstenstädte stellten den Kaufleuten Handelshäfen mit Kaianlagen einschließlich Lagerhäusern und Büros bereit. Innerhalb der großen Städte konnte es auch Spezialmärkte geben wie den Fischmarkt in Athen oder den Sklavenmarkt in Alexandria. Vor allem die Römer waren große Bauingenieure, deren Baukultur sich in Prunk- wie Nutzbauten niederschlug. Ihre Entwicklung einer Beton-Art, die unter Wasser fest wurde, ermöglichte den Ausbau von Häfen in großem Umfang beispielsweise in Leptis Magna an der libyschen Küste, Caesarea in Palästina und Ostia, dem Hafen von Rom an der Mündung des Tiber. Der bequeme Transport von Massengütern auf See förderte die Herausbildung urbaner Zentren von riesigen Ausmaßen und wurde ihrerseits gefördert durch die Nachfrage dieser Ballungszentren sowie einer stehenden Armee von über 250 000 Mann. Die Stadt Rom hatte in der Zeit zwischen dem 1. und dem 4. Jahrhundert n. Chr. eine Bevölkerung von vermutlich über einer Million Menschen. Ihr unmittelbares Hinterland war nicht in der Lage, diese zu ernähren. Es waren seefahrende Kaufleute, die Getreide, Wein und andere Massengüter aus Spanien, Afrika, Frankreich, Sardinien und Sizilien und aus anderen Teilen des Mittelmeers in die Metropole importierten.

Der Überseehandel wurde zumeist von Berufshändlern betrieben, die in kleinem Umfang Waren direkt bei den Produzenten gegen Bargeld einkauften, gegen andere Waren eintauschten oder sie von anderen Kaufleuten erwarben, bevor sie diese dann an die Konsumenten, wiederum gegen Barzahlung oder im Tausch, weitergaben. Ein großer Teil dieses Handels war spekulativ, und Händler konnten gezwungen sein, mehrere Orte aufzusuchen, um ihre Ladungen loszuschlagen. Die literarischen Quellen schildern den Händler als freien Mann von bescheidenem Reichtum, der von Markt zu Markt fährt und eine Auswahl von Waren in unterschiedlichen Mengen verkauft oder erwirbt. Manche Händler besaßen ein eigenes Schiff, doch die meisten gingen eher kurzfristige Partnerschaften mit Schiffseignern ein. Griechen wie Römer hegten soziale Vorurteile gegen Händler, die man für weniger moralisch hielt und denen man entsprechend eine sozial niedrigere Stellung zubilligte als den Landbesitzern. Die Römer versuchten per Gesetz die Beteiligung ihrer Aristokratie am Seehandel einzudämmen, indem sie die Größe der Schiffe, die Senatoren besitzen durften, beschränkten. Obwohl solche Gesetze darauf zielten, das Bild einer herrschenden Elite aufrechtzuerhalten, die über den kleinlichen Geschäften der Kaufleute stand, scheint es, dass in der Praxis die reichen Landbesitzer des Römischen Reiches sich, über Strohmänner, stark im Seehandel engagierten. Andererseits wurden die römischen Seekaufleute durch die kaiserlichen Behörden ermutigt, ihr Geschäft an ihre Erben weiterzugeben, weil man sich durchaus der Notwendigkeit bewusst war, den Seehandelsverkehr aufrechtzuerhalten. Die Kaufleute selbst bildeten Gesellschaften für religiöse und soziale Zwecke.

In weiten Gebieten des antiken Mittelmeerraums war die Beteiligung von Frauen am Handel durch Gesetze und Gebräuche eingeschränkt. Bei großen Transaktionen mussten sie sich von Männern beaufsichtigen lassen. Am ehesten findet man Frauen im Handel mit Nahrungsmitteln, mit Wäsche- und Bekleidungsstücken sowie mit Parfum, die als für sie geeignete Waren angesehen wurden. Vereinzelt tauchen Frauen in Dokumenten auf und tätigen durch Agenten große Geschäfte, besonders vom 3. Jahrhundert v. Chr. an, als mehr Frauen über eigenes Vermögen verfügten und auf diese Weise Zugang zu wirtschaftlicher Macht erlangten.

Sklaven und Freigelassene waren dagegen häufig im Seehandel tätig, als Gehilfen freier Bürger wie als halb unabhängige Agenten. In einige der Handelsstreitigkeiten im klassischen Athen, von denen die faszinierenden Gerichtsreden berichten, sind Sklaven oder ehemalige Sklaven verwickelt. Die Römer gaben einer großen Anzahl von Sklaven die Freiheit, und einige von ihnen sind tatsächlich zu großem Reichtum gelangt. Einer der frühesten antiken Romane, das *Satyricon* des Petronius, erzählt den Aufstieg des Trimalchio, eines freigelassenen Sklaven, der von seinem früheren Herrn genug erbt, um in den Seehandel einzusteigen: «Ich hatte Lust, Handel zu treiben. Ich will euch nicht lange aufhalten. Ich rüstete fünf Schiffe aus, belastete sie mit Wein, das war so viel als bares Geld; und ließ sie nach Rom absegeln. Ebenso, als wenn ich es befohlen hätte, litten alle fünfe Schiffbruch. An einem Tag verschlang Neptun über drei Millionen. Glaubt ihr, dass ich den Mut verloren habe? Nein, beim Herkules! Das alles war mir wie nichts! Ich ließ größere und bessere und glücklichere bauen, damit jeder sagen müsste, ich sei ein mutiger Mann. Ihr wisst, je größer die Schiffe sind, je mehr Stärke haben sie. Ich belastete sie wieder mit Wein, Speck, Bohnen, Salben und Sklaven. Auf einer Fahrt gewann ich eine ganze Million. Ich löste alle Grundstücke meiner Erbschaft wieder ein, baute Häuser, kaufte Zugvieh zum Verkaufe. Was ich nur berührte, nahm zu wie eine Honigscheibe.»[3] Trimalchios Geschichte mag um des literarischen Effektes willen übertrieben sein, aber sie vermittelt uns eine klare Vorstellung von dem Risiko, der Abenteuerlichkeit und dem Gewinnpotential des Seehandels.

Der Handel per Schiff erreichte zur Blütezeit des Römischen Reiches (31 v. Chr. – ca. 400 n. Chr.) in einigen Teilbereichen einen nie da gewesenen Umfang. Das zeigen die Funde gesunkener oder gestrandeter Handelsschiffe, Reste von Anlagen zur Verarbeitung und Verteilung von Waren sowie die Mengen ausrangierter Lagerungsbehälter (Amphoren). Ganze Flotten von Handelsschiffen sorgten dafür, dass der Fluss der Waren zwischen den größeren Sammelstellen und den Verteilungsstellen nicht abriss. Verschifft wurden Stapelwaren und Massenfrachtgüter wie Getreide, Wein, Öl, und zwar für staatliche wie private Auftraggeber.

Die bislang beschriebenen Tendenzen des Seehandels wiederholten sich im Großen und Ganzen in anderen Teilen der Welt. Die allmähliche Herausbildung mächtiger Staaten und stabiler, hoch entwickelter wirtschaftlicher Systeme förderte den Handel über See und natürlich auch über Land. Bis zur Mitte des 1. Jahrtausends n. Chr. waren die meisten Gebiete, die wir die Alte Welt nennen, durch ausgedehnte Handelsnetzwerke miteinander verbunden, von denen viele dem Seehandel zugehörten. Zwar waren nur Schiffsbauer, Seeleute und Seekaufleute in ihrem Lebensunterhalt gänzlich von der Seefahrt abhängig, die maritimen Netzwerke haben aber einen bedeutenden Beitrag zur Bildung und Erhaltung höchst verschiedener sozialer Strukturen geleistet, innerhalb derer sich Individuen und Gruppen auf wirtschaftliche, religiöse, militärische und kulturelle Aufgaben spezialisieren konnten. Der Seehandel verbreitete Nahrungsmittel und Rohmaterialien wie Metalle und Holz, Stoffe, Aromapflanzen und Gewürze, deren Gebrauch in den urbanen Kulturen Europas, des Mittelmeerraums, des Nahen und Mittleren Ostens, Süd- und Ostasiens so üblich wurde, dass sie als feste Bestandteile in das Gewebe dieser Zivilisationen eingingen.

Der Indische Ozean

Die Handelszentren des Indischen Ozeans waren über Karawanenstraßen quer durch Arabien sowie zwischen dem Nahen und dem Mittleren Osten mit denen des Mittelmeeres eng verbunden. Entscheidenden Auftrieb erhielten auch sie durch die Herausbildung von großen Staaten und imperialen Herrschaftssystemen, die sich in Südasien im 1. Jahrtausend n. Chr. vollzog. Hier veranlasste das Vorbild der erfolgreichen mediterranen Gesellschaften die herrschenden Gruppen, örtliche Märkte und Handelsnetze zu organisieren. Die Bauern wurden besteuert und zugleich ermutigt, ihre Erträge zu erhöhen, um ihre Produkte gegen Edelmetalle und importierte Waren einzutauschen. Man versprach sich hiervon die allmähliche Entwicklung gewerblicher, kultureller und administrativer Eliten, ähnlich denen, die sich bei den höher entwickelten Handelspartnern schon gebildet hatten. Die städtischen Zivilisationen an den Rändern des Nahen Ostens, des Horns von Afrika und Südostasiens entstanden zum Teil als Reaktion auf den Austausch von Gütern, Technologien und Ideen durch den Seehandel.

Der Handel zwischen dem Mittelmeerraum, dem Nahen Osten und der Region des Indischen Ozeans wurde durch die weit gehende Prosperität und Stabilität des Römischen (später dann des Byzantinischen) Reiches gefördert, obwohl der Hauptrivale Roms, das Persische Reich, sich zwischen die Handelspartner schob. Vor allem unter den Sassaniden, die vom 3. bis zum 7. Jahrhundert n. Chr. herrschten, erlangten die Perser die Kontrolle über Schlüsselgebiete der Arabischen Halbinsel, insbesondere Dhofar und Oman. Schon seit dem 1. Jahrhundert n. Chr. waren sich die Römer darüber im Klaren, dass ihre Handelsbilanz mit Südasien und China nicht zufriedenstellend war, wie aus entsprechenden Bemerkungen in der «Naturgeschichte» Plinius des Älteren hervorgeht, der beim Ausbruch des Vesuvs 79 n. Chr. umgekommen ist. Die Perser duldeten den Handel aber, da das Gold und Silber der Römer die Handelsnetzwerke des Indischen Ozeans stärkte – und somit auch deren Kapazitäten, mit dem Persischen Golf und seinem unmittelbaren Hinterland Handel zu treiben. Als der Zufluss des römischen Goldes im 5. Jahrhundert aufgrund des partiellen Zusammenbruchs des Reiches abnahm, verschob sich das Interesse der Kaufleute des Indischen Ozeans zu den goldreichen Ländern Südostasiens.

Aksum im nördlichen Äthiopien ist ein interessantes Beispiel eines Königreichs, das von der Einbindung in das Handelsnetz des Indischen Ozeans profitierte. Mit seiner gleichnamigen Metropole war es die erste städtische Zivilisation in Afrika südlich des Niltals, und die Periode seines höchsten Wohlstands erstreckt sich vom 1. vorchristlichen Jahrhundert bis ins 7. Jahrhundert n. Chr. Über Ägypten trieben die Aksumiten einen ausgedehnten Handel mit den anspruchsvollen Abnehmern und Lieferanten des Mittelmeerraums sowie mit Arabien und Indien. Begünstigt wurde der Aufstieg Aksums durch den stetig zunehmenden Handel auf den vom Monsun begünstigten Seerouten zwischen Indien und dem Roten Meer. Eine aggressive Handelspolitik führte zu Kriegen und schließlich zur politischen Beherrschung von Somalia und Südwestarabien vom 2. bis 5. Jahrhundert n. Chr., als die Aksumiten christianisiert wurden. Aksum verfügte über eine bedeutende Handelsmarine und eine Kriegsflotte, die es dem Königreich erlaubte, das Rote Meer strategisch zu dominieren, indem es seine beherrschende Position am Golf von Aden ausnutzte. Haupthafen war Adulis, der im 6. Jahrhundert n. Chr. den jemenitischen Handelshafen von Saba als wichtigsten Lagerplatz für den Handel zwischen Indien und Ägypten ablöste.

In der Zeit vor dem Aufstieg des Islam konzentrierte sich der Seehandel im Süden des Roten Meers auf den Jemen (Weihrauch und Myrrhe), Äthiopien und Somalia (Gold, Elfenbein und Harze). Doch nach und nach wurde ein Großteil der ostafrikanischen Küste in das Handelsnetz Südostasiens eingebunden. Die Handelsstützpunkte, die der Jemen oder später Aksum entlang der Küste südlich des Horns von Afrika einrichteten, waren nicht so dicht gesät und nahmen auch nicht derart wechselseitig Einfluss aufeinander wie die Handelszentren des Mittelmeers und Südasiens, zu denen sie die Verbindung herstellten. Das hatte seinen Grund darin, dass sie selbst nicht zu komplexen städtischen Kulturen in ihrem Hinterland gehörten und dass auch ihre Lieferanten, die sie in Somalia und Kenia aufzusuchen pflegten, nicht einem großen Staat angehörten, sondern in kleine Siedlungen zerstreut waren. Entsprechend stellten sie keine hoch entwickelten Produkte her, sondern lieferten eher begehrte Rohmaterialien wie Elfenbein oder Rhinozeroshörner.

Die Ausdehnung, die das Seehandelsnetz der Region des Indischen Ozeans im 1. Jahrtausend erfuhr, war eindrucksvoll. Am Ende erstreckte es sich von den Rändern des Mittelmeerraums und Mesopotamiens sowie den Küsten Ostafrikas im Norden und Westen bis zu den Inseln Südostasiens und dem Südchinesischen Meer im Osten. Im Herzen dieser Region saßen die Kaufleute und Seefahrer von Südasien und Arabien. Ihre Häfen und Schiffe waren beladen mit den Schätzen einer Vielzahl von Völkern und Kulturen. Ein großer Vorteil für die Kaufleute war die voraussagbare Regelmäßigkeit der

Monsunwinde. Waren die Winde auch zuweilen so stark (besonders stürmisch war der Südwestwind), dass es nicht möglich war, zu segeln, konnte man sich doch von Saison zu Saison auf die Richtung verlassen, aus der sie kamen. Die jahreszeitlich wechselnde Richtung des Monsun erlaubte es, Seereisen über stattliche Entfernungen zu unternehmen und feste Handelsbeziehungen mit weit entfernt liegenden Orten zu etablieren. Dadurch wurde es möglich, den regelmäßigen Ankauf von Materialien und Produkten aus entfernten Ländern fest einzuplanen sowie den Handel und die eigene Produktion in größerem Umfang abhängig zu machen von dem, was man auf weit entfernten Märkten erwarb. Zugleich war dieser Handel ein Saisonbetrieb. Der Austausch der Güter wurde vom Rhythmus der Monsunwinde diktiert und viele Handelshäfen waren in den Monaten ohne günstigen Wind wie ausgestorben. Erst die Dampfkraft durchbrach dieses Muster. Da die Monsunregen zudem einen großen Teil der landwirtschaftlichen Produktion bestimmten, lässt sich feststellen, dass der Rhythmus der menschlichen Existenz auf dem Land wie auf dem Meer gleichermaßen durch die Elemente bestimmt wurde.

Der Historiker Kenneth McPherson hat betont, dass die «Handelsbilanz» der Großregion unter dem Strich ausgesprochen günstig für Südasien ausfiel: «Einfach ausgedrückt, hat Südasien größere Werte an Gütern aus- als eingeführt, mit dem Ergebnis, dass riesige Mengen an Gold und Silber in den Subkontinent geflossen sind.»[4] Ein großer Teil des von den Eliten Indiens angesammelten Goldes kam über Land aus Zentralasien und Sibirien, aber seit dem 1. Jahrtausend n. Chr. traf es in beträchtlichen Mengen auch aus dem Mittelmeerraum, aus Ost- und indirekt Westafrika ein – und zunehmend aus Südostasien, das zu dieser Zeit immer mehr ins Blickfeld der Kaufleute aus Südasien rückte.

Südostasien und China

Die Seehandelsnetze in Südostasien entwickelten sich aufgrund der hohen Bevölkerungsdichte, weitgehender sozialer und wirtschaftlicher Differenzierungen und einer weit fortgeschrittenen heimischen Seefahrtstechnologie. In dieser Region war von frühester Zeit die Seefahrt ein bedeutendes Reise- und Kommunikationsmittel. Schon bald nach dem Anstieg des Wasserspiegels am Ende der Eiszeit verbreiteten sich der Reisanbau und die Kultivierung anderer Feldfrüchte sowie die Haltung von Haustieren wie Schweinen und Hühnern über die ganze Region. Gegen Ende des 1. Jahrtausends v. Chr. liefen Handelsschiffe aus Südostasien die Häfen von China und Indien an und tauschten heimische Produkte wie Nelken, Reis und Zinn gegen chinesische Seide, Bronze, römisches Gold und indische Baumwolle. Die Herausbildung städtischer Zivilisationen vollzog sich in dieser Region langsamer als in China oder Südasien und beruhte vor allem auf der Anhäufung von Überschüssen durch Erhöhung der landwirtschaftlichen Produktivität und durch handwerkliche Fortschritte in der Metallverarbeitung und der Töpferei. Die Aufnahme von Seehandelsbeziehungen mit dem Indischen Ozean, China und dem Mittelmeer hat aber zu den nachfolgenden Gründungen von Handelsstaaten an den Küsten, den Deltas und den Flussmündungen der Inseln sicher beigetragen. Im Laufe des nächsten Jahrtausends erhöhte sich der Handel über den Indischen Ozean und nach China aufgrund der steigenden Nachfrage in den Städten und Palästen dieser Regionen. Bis zum 9. Jahrhundert n. Chr. waren chinesische Kaufleute in die Häfen von Südostasien und Indien vorgedrungen. Arabische und persische Kaufleute segelten weiter südwärts an der Ostküste Afrikas entlang und kamen bis nach Mozambique und Madagaskar, wo sie auf die Abkömmlinge malaysischer Siedler trafen.

Im 1. und frühen 2. Jahrtausend n. Chr. weitete sich der chinesische Überseehandel deutlich aus. Verantwortlich waren eine ganze Reihe von Faktoren: Es kam zu einem Anstieg der Nachfrage sowohl nach Einfuhrgütern innerhalb Chinas als auch nach chinesischen Exporten auf anderen Märkten. Im Hintergrund stand ein enormes Wachstum der chinesischen Wirtschaft. Die Bevölkerung Chinas verdoppelte sich unter der T'ang- und Sung-Dynastie und stieg bis zum Ende des 12. Jahrhunderts n. Chr. auf über hundert Millionen Einwohner. Die Ernährung der riesigen Bevölkerung wurde durch intensivere Ausbeutung der landwirtschaftlichen Ressourcen gewährleistet, nicht nur hinsichtlich der Anbaumethoden, sondern auch in Bezug auf die Organisation und Kontrolle der Kleinbauern. Die Spannungen zwischen den Landbesitzern und den abhängigen Bauern wie zwischen Kaufleuten und Arbeitern sollten zur fortwährenden Quelle innerer Unruhen werden. Mit dem enormen Anstieg vollzog sich zugleich eine Verlagerung der Bevölkerung fort von den verwundbaren nördlichen Provinzen. Schwerpunkte wurden nun Zentral- und Südchina. Die Produktion von Metallen erhöhte sich ebenso wie die von Textilien, und zwar nicht nur der berühmten Seide, sondern auch von Hanf und Baumwolle. In der Herstellung hochwertiger Keramik erreichte China einen Grad der Perfektion, der chinesisches Porzellan zum begehrten «Markenartikel» in weiten Teilen der zivilisierten Welt machte.

Die beispiellos friedliche und stabile Ära der Sung-Dynastie (960–1279) brachte bedeutendes wirtschaftliches Wachstum. Es war eine Blütezeit des heimischen Landbaus, Handwerks und Handels, aber auch des florierenden Überseehandels mit Süd- und Südostasien, der zunehmend von chinesischen Schiffen beherrscht wurde. Die Teilhabe der Chinesen an den Seehandelsnetzen nahm vom 11. Jahrhundert an rapide zu, als Keramik und Textilien (vor allem Seide) von höchster Qualität, aber auch Metallprodukte über die Meere geschifft und gegen Edelsteine, Gewürze, Getreide und Textilien (vor allem Baumwolle) getauscht wurden. Der bloße Umfang des Außenhandels in der Sung-Zeit ist eindrucksvoll. Es sind Abrechnungen über das Staatseinkommen durch Zölle auf den Seehandel überliefert, der je nach der Art der Importwaren mit einer Quote zwischen 10 bis 40 Prozent besteuert wurde. Im 10. Jahrhundert erscheinen die erhobenen Zölle noch ziemlich bescheiden, ungefähr 500 000 Schnüre mit je 1 000 geprägten Bronzemünzen. Gegen Ende des 11. Jahrhunderts waren die Einkünfte auf 65 Millionen Schnüre angestiegen. Im frühen 12. Jahrhundert stammten ungefähr 20 Prozent der gesamten Staatseinnahmen aus Zöllen.

Das Vordringen der Mongolen, einschließlich der Eroberung Chinas im 13. Jahrhundert, führte nur zu geringfügigen Einbußen im Seehandel, trotz deren überseeischer Eroberungszüge einschließlich einer Invasion Japans 1281, die wegen eines Sturms abgebrochen werden musste und in die japanische Legendenbildung als «der göttliche Wind» (Kamikaze) einging. Insgesamt unternahmen die Mongolen nichts, was die wachsende Expansion der chinesischen Händler in Südostasien, besonders in Vietnam und Malaysia, beeinträchtigt hätte. Vermutlich haben ihre Vorstöße nach Vietnam, Kambodscha und Java die Handelsbeziehungen zwischen China und diesen Gebieten sogar noch verbessert, denn sie ebneten den Weg für die ehrgeizigen Expeditionen der frühen Ming-Dynastie. Im 14. und frühen 15. Jahrhundert war China im Südchinesischen Meer die beherrschende Seemacht im Bereich des Handels wie der Marine.

Das präkolumbische Amerika und Ozeanien

Zwei Weltregionen waren, wenn auch aus unterschiedlichen Gründen, von den oben beschriebenen miteinander verknüpften Handelsnetzen ausgeschlossen. Es ist eindeutig erwiesen, dass Nord- und Südamerika lange vor der Ankunft der Europäer am Ende des 15. Jahrhunderts über ausgedehnte Netze von Handelsrouten über Land und über See verfügten. Vor allem die Inseln und Buchten der Karibik boten günstige natürliche Voraussetzungen für die Schifffahrt. In den archäologischen Archiven belegen Feuersteine, Töpferwaren, Steinperlen und Ohrgehänge den regen maritimen Tauschhandel in der Karibik. Auch Metalle, Obsidiane, Textilien und Kakaobohnen scheinen als Handelswaren über beträchtliche Entfernungen auf dem Meer transportiert worden zu sein. Frühe spanische Expeditionen sind oft seetüchtigen Fahrzeugen, hauptsächlich Flößen und Kanus, begegnet. Ein Großteil dieses Handels konzentrierte sich auf die bedeutenderen städtischen Zivilisationen in Zentralamerika.

Ein gutes Beispiel für das Spektrum des Warenangebots im mittelamerikanischen Seehandel kann der Beschreibung eines eingeborenen Handelsschiffes entnommen werden, welches das Pech hatte, Kolumbus auf seiner vierten Reise vor der Küste von Honduras 1502 zu begegnen: «Unsere Männer brachten das Kanu längsseits zum Flaggschiff, wo der Admiral Gott dafür dankte, dass er ihm in diesem

Augenblick ohne Anstrengung oder Gefahr für unsere Leute den ganzen Umfang der Produkte jenes Landes offenbarte. Er nahm die teuersten und schönsten Waren dieser Fracht an Bord: Baumwollumhänge und ärmellose Hemden, die in verschiedenen Mustern und Farben bestickt und bemalt waren; ... lange hölzerne Schwerter mit einer Furche auf jeder Seite, wo die Schneide sein sollte, in die mit Bändern oder Pech Feuersteinmesser befestigt waren, die wie Stahl schnitten; Beile, die denen von anderen Indianern benutzten glichen, doch aus gutem Kupfer waren. Als Vorräte hatten sie solche Wurzeln und Getreidearten, wie sie die Indianer von Hispaniola essen, auch einen aus Mais hergestellten Wein, der wie englisches Bier schmeckte.»[5] Die Seehandelsnetze des präkolumbischen Amerika scheinen also denen der Alten Welt in vieler Hinsicht ähnlich. Der entscheidende Unterschied ist, dass es keine bedeutsamen Hinweise auf einen Zivilisationen übergreifenden, überregionalen Handel gibt.

Die menschliche Besiedlung der Inseln Südostasiens hat vermutlich vor rund 100 000 Jahren begonnen. Als die Menschen genügend seefahrerische Fertigkeiten erworben hatten, um über die flachen Meere zu steuern, kamen sie nach Indonesien, Borneo, Neuguinea und Australien. Das war vermutlich vor ungefähr 35 000 Jahren. Die unternehmungsfreudigste Gruppe, die später von der Forschung als Austronesier bezeichnet wurde, besiedelte nach und nach die Inseln im Indischen Ozean vor der afrikanischen Ostküste und im Pazifik bis hin zu den entlegensten aller bewohnbaren Orte, den Osterinseln. Die Besiedlung der Inselreiche Melanesiens und Polynesiens scheint sehr viel später stattgefunden zu haben als die der kompakteren südostasiatischen Archipele. Die Einwohner Neuguineas hatten bereits landwirtschaftliche Anbautechniken entwickelt, Pflanzen und Tiere gezüchtet sowie ihre Töpferei aus dem Lapita-Stil der Molukken abgeleitet, als die austronesische Expansion ihren Lauf nahm. Die charakteristische Keramik hat man bis zu den Marquesas-Inseln gefunden, die auf 140° westlicher Länge, beinahe 5 000 Meilen nordöstlich von Australien entfernt, liegen. Die expeditionsfreudigen Seeleute bewegten sich von einer Inselgruppe zur nächsten. Sie segelten wahrscheinlich auf leichten hölzernen Booten oder Kanus mit einfachem oder doppeltem Rumpf und stabilisierenden Auslegern. Gegen 1300 v. Chr. waren sie bis auf die Fidschi-Inseln gekommen. Während des 1. Jahrtausends v. Chr. drangen sie bis zu den polynesischen Inseln vor. Im 13. Jahrhundert n. Chr. waren die verschiedenen Inselgruppen des Südpazifiks einschließlich Neuseelands alle besiedelt. Diese Tatsache allein zeigt, dass es zwischen ihnen einigen maritimen Verkehr gegeben haben muss. Bedeutsame Seehandelsnetze können aber nicht nachgewiesen werden, und die Inselgruppen scheinen sich bis zur Ankunft der Europäer im 17., 18. und 19. Jahrhundert ziemlich unabhängig voneinander entwickelt zu haben.

Der Fall Australiens ist insofern noch ungewöhnlicher, als dass sich nach der anfänglichen Besiedlung, die eindeutig über das Meer erfolgt ist, keine weitere Entwicklung eines Seehandels oder einer bedeutenderen Nutzung des Meeres nachweisen lässt. Offensichtlich reichten die Ressourcen des Landesinneren, der Flüsse sowie der Küste für den Bedarf der Bevölkerung aus. Australien war mit der Welt des Indischen Ozeans in keiner irgendwie bedeutsamen Weise verbunden, bis im 18. und 19. Jahrhundert die Europäer eintrafen. Bis dahin hatten die eingeborenen Völker keine regelmäßigen Kontakte zu anderen Kulturen gehabt.

DER EUROPÄISCHE SEEHANDEL DES MITTELALTERS

Der Zusammenbruch des Römischen Reiches im Westen im 5. Jahrhundert n. Chr. und das Eindringen der Muslime in den Mittelmeerraum im 7. Jahrhundert brachten starke Rückschläge für den europäischen Seehandel. Doch führten sie keineswegs zur völligen Einstellung der Handelsaktivitäten, weder in irgendeinem Teil des Mittelmeeres noch innerhalb der Netzwerke von Atlantik und Nordsee, die sich an den Rändern der römischen Welt entwickelt hatten. Die politische Stabilität des römischen Imperiums, seine großen Städte und stehenden Armeen hatten Umfang und Intensität des Handels begünstigt, aber sie waren nicht entscheidend für die Fortsetzung des Handelsverkehrs. Sobald die Völker der Christenheit und des Islam neue Städte gebaut und Staaten gegründet hatten, griffen sie auf die alten Handelsverbindungen zurück und etablierten daneben eine ganze Reihe neuer Netzwerke. Das Handelswesen der muslimischen Welt wird Thema des 4. Kapitels sein, im folgenden geht es um die Entwicklung der Hanse und der Republik Venedig.

Die Idee der Hanse kam im 13. Jahrhundert in Lübeck auf, dem ersten deutschen Hafen zur Ostsee und mit dem «lübischen Recht», dem Vorbild für die Gründung einer Vielzahl freier Städte. Zu einer Zeit, als die deutschen Ordensritter die baltische Küste «kolonisierten» und die Ostsee ein viel versprechender Handelsraum zu werden begann, war es nahe liegend, die strategischen Häfen zu einem Netzwerk zu verbinden. Was aber ursprünglich als politisches und militärisches Bündnis gedacht sein mochte, entwickelte sich bald zu einem Bund der neuen, freien Städte der Region – unter anderem Visby, Riga, Wismar, Rostock, Stralsund, Stettin, Flensburg, Königsberg, Danzig sowie Hamburg als Tor zur Nordsee – und damit zu einem Seehandelsimperium. Alle wichtigeren Entscheidungen wurden in gemeinsamer Abstimmung auf einer Versammlung der Städte, den so genannten Hansetagen, in Lübeck getroffen, die 1356 das erste Mal stattfanden. Die große Zahl der Mitglieder, zu ihrer Blütezeit waren es über 200 Hafen- und Handelsstädte, von der Südküste Finnlands bis ins Rheinland, vom östlichen Estland bis in die Niederlande, versetzten die Hanse in die Lage, Schlüsselfragen des Handels und der Handelsrouten zu entscheiden.

Die Hanse dehnte ihr Netzwerk von Anfang an über den Bereich aus, den ihre Mitglieder abdeckten, und trieb Handel in der Ost- und Nordsee sowie im Atlantik und Mittelmeer über Schlüsselhäfen wie Lissabon, Malaga, Valencia und Venedig. Das wesentliche Gerüst war bis zur Mitte des 14. Jahrhunderts errichtet. In wichtigen Häfen wie Brügge, London, Bergen und Nowgorod gab es hanseatische Kontore. Die Kontore waren kleine Enklaven der hanseatischen Macht innerhalb der wichtigen Handelszentren, modernen Botschaften oder Konsulaten vergleichbar, aber mit einer klaren Ausrichtung auf den Warenverkehr. Das 1323 eingerichtete Brügger Kontor beispielsweise wurde zum Hauptumschlagplatz für den nordeuropäischen Handel mit Textilien, Getreiden, Früchten, Wein, Gewürzen und vielen anderen Handelsgütern, die von den Seefahrern der Hanse über Ostsee, Atlantik und Mittelmeer transportiert wurden.

Obwohl die Hanse in Bedrängnis über See- und Landstreitkräfte verfügte beziehungsweise solche kaufen konnte, war der Grundstein ihrer Macht nicht militärisch, sondern lag im kollektiven Einfluss und Verhandlungsgeschick ihrer Kaufleute. Sie handelten Steuerprivilegien und Monopole aus für die wichtigen Waren des Seehandels zwischen bestimmten Häfen. Bereits Ende des 13. Jahrhunderts musste der norwegische König im Handelsstreit mit der Hanse erkennen, dass sein Land auf deren Einfuhren schlichtweg angewiesen war. Die hansischen Küstenstädte hatten durch eine Fernblockade den Schiffsverkehr nach Norwegen zum Erliegen gebracht. Zeichnete sich irgendwo ein neuer, gewinnträchtiger Handel ab, nahmen die hanseatischen Kaufleute sich seiner an und versuchten, ihn zu dominieren. So gelang es ihnen im 15. Jahrhundert gleich zweimal, die englische Konkurrenz zu verdrängen. Die ergiebigen Fischgründe vor Norwegen wurden ihr durch die Auflage versperrt, dass es nur Mitgliedern der Hanse erlaubt war, den Fang vom Handelszentrum in Bergen aus weiter zu verschiffen. Die Engländer wichen nach Island aus und verbesserten auf diese Weise dessen Anbindung an das restliche Europa, zu einer Zeit, als die Isländer von ihren traditionellen Lieferanten in Norwegen nicht mehr ausreichend versorgt wurden. Am Ende des Jahrhunderts weitete die Hanse erneut ihren Einfluss aus, der norwegische König setzte einen deutschen Verwalter über die Insel ein, und die Engländer erschlossen sich weiter im Westen einen Schifffahrtsweg zu den reichen Fischgründen vor der Küste Labradors und Neufundlands.

Die Mittel und Ziele der Hanse waren eher wirtschaftlicher als politischer Art. Sie versuchten nicht ganze Staaten und Territorien zu kontrollieren, sondern nur Schlüsselhäfen und -märkte sowie die wichtigsten in ihnen umgeschlagenen Waren wie Getreide, Holz, Tuch, Fisch und Wein. Angesichts des Aufstiegs starker Nationalstaaten, deren wirtschaftliche Entwicklung in beträchtlichem Maß durch die Hanse befördert worden war, geriet der Handelsbund in Bedrängnis. Die europäischen Herrscher waren immer weniger gewillt, eine unabhängige maritime Konföderation in ihren anerkannten Einflussbereichen zu tolerieren. Im 16. und 17. Jahrhundert wurde die Hanse in einer Kombination aus interner Zerrüttung und externem Druck langsam aufgerieben. Beides ergab sich wesentlich aus den Ambitionen und Rivalitäten der starken, zunehmend zentralisierten Staaten. Die schwedischen Könige zum Beispiel setzten ihre neue Kriegsmarine in einer Auseinandersetzung mit Lübeck im späteren 16. Jahrhundert ein, um der Hanse die Kontrolle über den Bottnischen Meerbusen zu entreißen. Die Kaufleute waren militärisch nicht in der Lage, dem Druck auf Anerkennung der nationalen Souveränität zu widerstehen. Hinzu kam nach der Reformation und dem Dreißigjährigen Krieg die Aufspaltung des Kontinents in ein katholisches Lager mit dem weltumspannenden Reich der Habsburger, das Spanien als seinen Mittelpunkt begriff, und in ein protestantisches Lager mit England, Schweden und der konkurrierenden Handelsmacht der Niederländer. Obwohl die meisten Städte der Hanse auf die protestantische Seite gehörten, bemühten sie sich redlich um Neutralität. Gegen die Vereinnahmungswünsche der Habsburger Seite wandten ihre Vertreter ein, der Handel «sei also ineinander gefasst und gleichsam vermischt, dass nicht auf ein Königreich und Land ... gesehen, sondern zugleich alle Orte ... in fleißige Aufmerksamkeit genommen werden» müssten. Die Worte lesen sich wie das Testament des über Jahrhunderte erfolgreichen Handelsbundes. Als 1669 der letzte Hansetag stattfand, machten sich nur acht Mitglieder die Mühe, einen Abgesandten zu schicken.

Venedig ging unmittelbar aus dem Zusammenbruch des römischen Reiches hervor und wurden im 6. Jahrhundert n. Chr. gegründet, als die Ostgoten Norditalien überrannten. Ihre vom Land abgewandte Lage auf den Inseln der Lagune nördlich des Podeltas hatte man als

Zufluchtsstätte vor dem Krieg gewählt, doch sie sollte sich als idealer Standort erweisen, um ein Seehandelsimperium zu errichten. Venedig wurde zum wichtigsten Verbindungsglied zwischen dem östlichen und westlichen Mittelmeer. Zu Zeiten des Römischen Reiches waren die beiden Regionen politisch wie wirtschaftlich eng miteinander verknüpft gewesen, doch der Zerfall des Imperiums hatte sie getrennt. Als das oströmische Restreich sowie die Königreiche und Kalifate des Mittelmeerraums allmählich zu einem relativ stabilen politischen Gleichgewicht gefunden hatten, das die Entwicklung ausgedehnter Handelsnetze erlaubte, waren die Venezianer zur Stelle. Ihre stetig ausgebaute leistungsfähige Flotte stellte die Verbindung zwischen den christlichen und muslimischen Häfen her und ließ die Lagunenstadt zum Knotenpunkt des internationalen Seehandels werden. Im Jahr 1081 räumte Konstantinopel, zu dessen Herrschaftsbereich die Hafenstadt gehörte, Venedig weitreichende Handelsprivilegien, unter anderem Zollfreiheit, ein. Im 12. Jahrhundert folgten ähnliche Konzessionen von den neuen Kreuzfahrerstaaten der Levante. Auch nach dem Fall der christlichen Königreiche im Orient führten die Venezianer den einmal begonnenen Handel mit Ägypten und der Levante weiter. Die begehrten Handelsgüter der Region, Gewürze, besonders Pfeffer, Seidenwaren und Zucker, wurden von den Venezianern zurück in die Adria und dann weiter in andere Teile Europas transportiert. Im Gegenzug boten sie ihren orientalischen Handelspartnern nordeuropäische Produkte wie wollene Textilien an und ihre eigene Spezialität: Glas.

Schon sehr früh verbanden die Venezianer kommerzielle Macht und diplomatisches Geschick zu einem erfolgreichen Konzept, um sich wirtschaftliche wie politische Vorteile zu sichern. Als der Vierte Kreuzzug, im Jahr 1202, auf den Transport durch venezianische Schiffe angewiesen war, bestanden die Venezianer auf einer Bezahlung der großen Anzahl von Schiffen, die sie für die Kreuzfahrer gebaut hatten. Deren Heer war zu klein, um mit ihnen zu streiten, und zu mittellos, um zu bezahlen. Also einigte man sich anderweitig. Die Kreuzfahrer schlossen sich den venezianischen Streitkräften beim Angriff auf die christliche Hafenstadt Zadar an der dalmatinischen Küste an und verhalfen den Venezianern auf diese Weise dazu, die Adria zu kontrollieren. Wohl oder übel musste der aufgebrachte Papst Innozenz III. (1160–1216, Herrschaft ab 1198) ein ganzes Kreuzfahrerheer exkommunizieren. Der nächste Schritt zur Begleichung der Schulden war ein gemeinsamer Feldzug gegen Konstantinopel, um dort den venezianischen Wunschkandidaten auf den byzantinischen Thron zu setzen. Ohne dass dies beabsichtigt gewesen zu sein scheint, brachten die Franken und Venezianer die ganze Stadt unter ihre Kontrolle und führten eine kurzlebige Neuauflage des Heiligen Römischen Reiches herbei. Als Dank stattete das überfallene Konstantinopel die Venezianer mit einer privilegierten Position bei Hofe, mit neuen Hafenanlagen und einer ganzen Reihe einträglicher Besitzungen aus, die der Republik die Handelswege des östlichen Mittelmeeres sicherten. Strategisch entscheidend war die Insel Kreta, weil hier die Segelrouten aus Afrika, der Ägäis, der Levante und Ägypten zusammentrafen. Die Venezianer hielten die Insel, bis die Osmanen sie 1669 aus Candia (Heraklion) vertrieben.

Zu Sicherung der territorialen Kontrolle über Istrien und die Schlüsselhäfen der östlichen Adria ebenso wie die Enklaven auf Kreta, den Ionischen Inseln und in der Ägäis unterhielt Venedig, anders als die norddeutsche Hanse, eine starke Kriegsflotte. Deren Schlagkraft beruhte auf dem Einsatz leichter Galeonen, die den früheren mediterranen Kriegsschiffen ähnelten, sich aber in idealer Weise für eine Seekriegsführung eigneten, bei der aus geringer Entfernung mit kleinen Geschützen gekämpft wurde. Die Galeonen waren auch in der Lage, ihre Besatzung und Bewaffnung dicht an auf dem Lande befindliche Gegner heranzubringen. Entscheidend war, dass die Republik über eine große Anzahl dieser Schiffe permanent verfügte (bis zu 146 im Jahr 1581) und ohne Schwierigkeit kurzfristig weitere in Auftrag geben beziehungsweise die eigene Flotte mit angeworbenen oder verbündeten Streitkräften ergänzen konnte. Die Flotte der Republik Venedig war von einer Größe, wie man sie seit der Blütezeit des Römischen Reiches im Mittelmeer nicht mehr gesehen hatte. Sie ermöglichte es den Venezianern ebenfalls, die Piraterie auf ihren Handelsrouten einzudämmen. Handels- und Militärstützpunkte wurden auch von anderen Küstenstädten, die mit Venedig wetteiferten, eingerichtet, vor allem von Genua und Pisa. Keine von ihnen erreichte aber eine vergleichbare Vorrangstellung als See- und Handelsmacht wie Venedig. Durch die kluge und langfristige Sicherung der Quellen ihres kaufmännischen Reichtums gelang es der Handelsrepublik, eine der bedeutendsten und schönsten Seestädte der Welt hervorzubringen.

Die Entstehung globaler Handelsnetze

Das offensive Vorgehen der Hanse und der Republik Venedig im Seehandel standen in gewisser Weise Modell für die Methoden, mit denen die europäischen Staaten die neuen Handelsmöglichkeiten ergriffen, die sich durch die Entdeckungsreisen gegen Ende des 15. Jahrhunderts auftaten. Im frühen 16. Jahrhundert drang die aufstrebende Seefahrernation Portugal in die Region des Indischen Ozeans und des Fernen Ostens vor. Ihre Versuche, die bedeutenderen Handelshäfen einzunehmen und das Handelsmonopol für die wesentlichen Exportgüter wie Pfeffer zu erlangen, trafen auf beträchtlichen Widerstand. Die Portugiesen mussten einsehen, dass ihnen die militärische Schlagkraft fehlte, die bestehenden Netzwerke unter ihre Kontrolle zu bringen. Nach und nach wurden sie kooperativer im Umgang mit muslimischen und anderen nicht-christlichen Völkern. Sie beschränkten ihre gewaltsamen Angriffe darauf, sich strategische Anfangsvorteile zu verschaffen und im folgenden die Frachten zu besteuern, die durch die von ihnen besetzten Häfen liefen, oder sie vergaben Handelskonzessionen für die von ihnen beherrschten Gebiete. Wo sie mit solchen Taktiken nicht erfolgreich waren, konkurrierten sie mit den bereits etablierten Seefahrern und verschifften Gewürze, Textilien, Keramik, Metalle und eine Reihe anderer Waren zwischen den Handelshäfen der Region und darüber hinaus zu den Märkten Europas und der Neuen Welt.

Die spanische Entdeckung, Eroberung und Besiedlung der beiden Amerikas unterschied sich grundlegend vom portugiesischen Eindringen in die süd- und südostasiatischen Handelsnetze, da sie völlig neue Formen des Seehandels über weite Entfernungen eröffneten. In der Neuen Welt erschlossen die Spanier gewaltige Vorräte an Silber. Damit erschütterten sie nicht nur die bestehenden Handelsbeziehungen auf der gesamten Welt, sie schufen auch die Grundlage neuer ausgedehnter Handelsnetze. Die Bergwerke von Potosí in Peru förderten in der Mitte des 16. Jahrhunderts mehr Silber als die gesamte restliche Welt. Dieses Silber wurde nordwärts nach Acapulco an die mexikanische Westküste verschifft und dann auf Galeonen geladen, die es nach Manila auf den Philippinen brachten. Hier wurde es gegen eine Vielzahl fernöstlicher Güter getauscht, vor allem chinesische Seidenwaren. Diese wurden von den zurückfahrenden Galeonen über den Pazifik gebracht und entweder vor Ort weiterverkauft oder über Peru, den Isthmus von Panama und die Karibik nach Spanien verschifft.

Die spanischen und portugiesischen Unternehmungen haben auch eine große Anzahl von Menschen über die Meere in die Neue Welt transportiert. Einige waren ehrgeizige Einwanderer, aber die Mehrzahl kam unfreiwillig. Ein florierender Sklavenhandel verschiffte Menschen aus Afrika über den Atlantik nach Brasilien und in die Karibik, damit sie dort Zucker, Tabak und andere Waren produzierten, die aus den Plantagen in alle Welt exportiert wurden.

Die effektiven und profitablen Handelsnetze, die von den europäischen Kolonialmächten überall auf der Welt geschaffen wurden, haben große Anstrengungen erfordert und viel Leid gekostet. Sie setzten zugleich eine eindrucksvolle wirtschaftliche Entwicklung in Gang, aus der sich tief greifende soziale und politische Veränderungen ergeben sollten. Die Entstehung der modernen Nationalstaaten, die Verbreitung des Kapitalismus und die globale Industrialisierung sind von vielen Faktoren hervorgebracht worden. Aber ein zentraler Strang führt von der Expansion der maritimen Welt des 16. und 17. Jahrhunderts direkt in die Weltwirtschaft des 21. Jahrhunderts.

III

Weltreiche

Der Drang, Handel über die Meere hinweg zu treiben, ist seit dem 2. Jahrtausend v. Chr. nachweisbar, aber erst im späten 15. und frühen 16. Jahrhundert kam es in Folge der europäischen Entdeckungsreisen zu einer nie da gewesenen Expansion der Handelsnetze und zur Errichtung überseeischer Imperien durch die europäischen Seefahrernationen. Das erste Mal in der Geschichte waren Gesellschaften in der Lage, aufgrund ihrer See- und Handelsmacht lang gültige Grenzen aufzuheben und neue Regionen zu beherrschen und auszubeuten. Diese Entwicklung legte den Grundstein sowohl für eine neue Form des Imperialismus als auch für das globale Handelsnetz der Moderne.

Antike Seemächte

Die antike Welt des Mittelmeeres erlebte den Aufstieg und Fall einiger Seemächte. Die Athener, trotz ihrer unbestrittenen Bedeutung für die westliche Kultur, waren als Militär- wie als Handelsmacht noch weit von einer umfassenden Vorherrschaft der sie umgebenden Gewässer entfernt, auch wenn es dem Stadtstaat gelang, sich den Expansionsabsichten des gewaltigen Persischen Reiches auf See über den Großteil des 5. Jahrhunderts v. Chr. entgegenzustellen.

Die frühen Verträge zwischen den beiden großen Seemächten des westlichen Mittelmeeres, Rom und Karthago, sind getragen von einem Geist der Kooperation und vom gegenseitigen Respekt für die Einflusssphäre des anderen. Als diese Einstellung in kommerzielle und politische Rivalität umschlägt, kommt es im 3. und 2. Jahrhundert v. Chr. zu einer Reihe von Kriegen. Dennoch scheinen es weder Rom noch Karthago systematisch darauf abgesehen zu haben, den Seehandel des anderen nachhaltig zu behindern. Kaufleute beider Reiche partizipierten am Handel außerhalb des Mittelmeers, vor allem im Norden, wo die Völker an den atlantischen Küsten seit der Bronzezeit ausgedehnte Seefahrtsnetzwerke unterhielten. Die Karthager scheinen auch daran interessiert gewesen zu sein, Handelsverbindungen mit den Gegenden südlich der Sahara aufzunehmen. Weiter als zur Küste von Sierra Leone, die der karthagische Kapitän Hanno im späten 5. Jahrhundert v. Chr. erreichte, scheinen ihre Entdecker aber nicht gekommen zu sein. Einen langfristigen Seehandel mit den Völkern Westafrikas haben sie nicht aufgebaut.

Aus der Konkurrenz mit den Karthagern gingen die Römer als dominante Seemacht hervor. Nach und nach, in dem Zeitraum von 264 v. Chr. bis 70 n. Chr., brachte das Römische Reich alle mediterranen Küsten unter seine Kontrolle und die römischen Autoren nannten das Mittelmeer ganz selbstverständlich *mare nostrum*, «unser Meer». Sein viel befahrenes Netz von Seehandelsstraßen ermöglichte eine hervorragende Kommunikation zwischen den Reichsbehörden und den meisten der Provinzen des ausgedehnten Herrschaftsgebietes. Um die Kontrolle über dieses Gebiet aufrechtzuerhalten, wurde eine stehende Kriegsflotte von etwa 200 Schiffen benötigt, die auf die Häfen des Mittelmeers verteilt waren. Es gab zwar auch einige begrenzte Flottenverbände außerhalb des Mittelmeeres – schließlich hatten die Römer 55 v. Chr. und noch einmal entschlossener 43 n. Chr. die ferne Insel Britannien erobert –, aber die Römer haben ihren territorialen Machtbereich immer nur weiter ausgedehnt und nie versucht, fernab liegende Regionen unter ihre politische Kontrolle zu bringen. Ihr ausgedehnter Herrschaftsbereich wurde deshalb noch weit übertroffen von den Handelsnetzen, in denen römische Händler operierten. So gab es, wie wir gesehen haben, in römischer Zeit beträchtliche Handelsbeziehungen zwischen dem Mittelmeerraum und der Region des Indischen Ozeans.

Wir haben bereits einen Blick auf zwei europäische Seemächte des Mittelalters geworfen, die Hanse und die Republik Venedig, doch kann man auch von ihnen nicht behaupten, dass sie versucht hätten, einen politischen und kommerziellen Machtbereich jenseits ihrer stabilen regionalen Handelsnetzwerke zu etablieren. Gleiches gilt von den verschiedenen muslimischen Kalifaten und Reichen, die zwar riesige Gebiete eroberten, aber wie die Römer zwischen dem eigenen

Territorium und den fremden Völkern auf der anderen Seite ihrer Handelsnetze unterschieden und keine Ambitionen entwickelten, ihre Macht in irgendeine entfernte überseeische Region zu tragen. Die Reisen des berühmten marokkanischen Geographen Ibn Battuta in der ersten Hälfte des 14. Jahrhunderts veranschaulichen das sehr deutlich (Karte A). Um 1325 war es ihm möglich, aus dem Norden Afrikas ins vom Sultan von Delhi beherrschte Nordindien zu reisen, meist auf dem Landwege und immer innerhalb des politischen Netzwerkes der muslimischen Staaten. Von hier ging seine Reise weit über die Regionen hinaus, die irgendeinem muslimischen Herrscher zu Treue verpflichtet waren, er blieb aber innerhalb des ausgedehnten Handelsnetzes der muslimischen Seefahrer: Vom Golf von Khambhat segelte Ibn Battuta südwärts nach Sri Lanka und dann nord- und ostwärts nach China.

Die Expansion der Skandinavier

Die Raubzüge, Plünderungen und Niederlassungen der dänischen und norwegischen Wikinger in Frankreich, England, Irland und Grönland ebenso wie die der schwedischen im östlichen Baltikum und in Russland lassen sich mit einigem Recht als Manifestation einer nordeuropäischen Seemacht auffassen, die nach den Vorstellungen der damaligen Zeit über traditionelle Handelsnetzwerke hinaus vorgestoßen ist. Die geographischen Bedingungen Skandinaviens begünstigten den Seeverkehr. Berge und Wälder des unwegsamen Landesinneren veranlassten die Bewohner, ihre Siedlungen an die langgestreckten und buchtenreichen Küsten, zum Beispiel die berühmten norwegischen Fjorde, zu legen. Die Expansion der skandinavischen Völker vollzog sich folgerichtig von der Mitte des 8. bis zum Ende des 11. Jahrhunderts über die Nordsee, die Ostsee und den Nordatlantik.

Die legendären Langschiffe der plündernden Wikinger waren außerordentlich robust, vielseitig verwendbar und geeignet, eine beträchtliche Ladung Menschen, Tiere und Güter aufzunehmen. Mit diesen Booten konnten die skandinavischen Seefahrer bequem mehrere Tage auf See bleiben oder an unbekannten Küsten kreuzen und die schiffbaren schmalen Buchten und Flüsse auskundschaften. Schwedische Krieger und Händler überquerten die Ostsee und stießen auf den Flüssen tief ins Innere des westlichen Russland bis nach

Nowgorod und sogar Kiew vor und versuchten die Flussläufe zur Ostsee und die Verbindung zum Schwarzen Meer einschließlich der angrenzenden Gebiete zu kontrollieren. Diese Gruppe stieß im 10. Jahrhundert bis in den Herrschaftsbereich des Oströmischen Reichs vor. Die Beweglichkeit auf dem Wasser gab den Skandinaviern zwei strategische Vorteile: große Reichweite und Bestimmung des Angriffszieles. Hinzu kam der taktische Vorteil der Überraschung. Bei den Opfern der gefürchteten Überfälle herrschte Angst und Schrecken. Es lässt sich aber auch feststellen, dass dort, wo es der örtlichen Führung gelang, einen starken Widerstand zu organisieren, die Skandinavier sich zurückzogen oder sich auf eine friedfertigere Form der Koexistenz einließen.

Das Prinzip der gütlichen Einigung wurde da konsequent zu Ende geführt, wo die Eindringlinge sich schließlich in die bestehenden politischen Systeme integrierten. Schwedische Wikinger, die man im Osten als Waräger bezeichnete, setzten sich in der zweiten Hälfte des 9. Jahrhunderts als Herrscher von Nowgorod und Kiew ein und legten damit den Grundstein des russischen Reiches. Dänische Wikinger, die man wie ihre norwegischen Rivalen im westlichen Europa als Normannen bezeichnete, siedelten sich in England im 9. und 10. Jahrhundert an. Im nördlichen und östlichen Teil des Landes stellten sie Gebiete unter dänisches Recht (Danelagh) und erhoben eine Form von Tribut, das berüchtigte Danegeld. Auch als sie von der Kultur ihres Ziellandes absorbiert und getauft wurden, war ihr wirtschaftlicher und kultureller Einfluss immer noch beträchtlich. Ironischerweise ist vom erfolgreichsten dänischen Wikinger, Knut dem Großen (um 995 – 1035, Herrschaft ab 1016), trotz seiner Doppelherrschaft über England und Dänemark hauptsächlich seine legendäre Fähigkeit, die Wellen zu meistern, in Erinnerung geblieben. In Frankreich entstand, nachdem der karolingische König Karl der Einfältige die Wikingerhaufen unter Rolf Gangr in der Nähe von Chartres besiegt hatte, im Jahre 911 das Herzogtum der Normandie. Rolf und seine Anhänger waren über mehrere Jahre immer wieder in das nordöstliche Frankenreich eingefallen. Nach der Niederlage nahm er den christlichen Glauben an, wurde auf den Namen Rollo getauft und übernahm als Lehnsmann des Königs die Pflicht, die Gebiete an der Seine gegen andere Normannen zu verteidigen. Die Herzöge der Normandie wurden so mächtig, dass sie im 11. Jahrhundert praktisch die Unabhängigkeit von der fränkischen Krone erlangt hatten. Im Jahr 1066, unmittelbar nachdem der Versuch des norwegischen Königs, England zu erobern, niedergeschlagen war, schiffte sich Herzog William von der Normandie zu dem erfolgreichsten aller nordischen Überfälle ein: Er besiegte in der legendären Schlacht bei Hastings den englischen Herrscher, ließ sich zum König krönen, eroberte in nur fünf Jahren das ganze Land und ging als Wilhelm der Eroberer in die Geschichte ein. Ein weiteres normannisches Königreich entstand am Ende des 11. Jahrhunderts am südlichen Rand Europas, als Roger de Hauteville Sizilien, Kalabrien und Apulien vereinigte.

Es ist kaum möglich, einen einzigen bestimmenden Beweggrund hinter den Entdeckungsfahrten, Eroberungszügen und Auswanderungswellen der Normannen und Waräger auszumachen. Am Anfang stand sicher die hohe Reputation, die erfolgreiche Raubzüge in der Wikingerkultur genossen. Die nordischen Sagas sind sich in der Glorifizierung seefahrender Plünderer mit den homerischen Epen ziemlich einig. Ein Anführer konnte seine Macht und Stellung bei den Wikingern festigen und ausbauen, wenn er lohnende Ziele für die Überfälle auswählte und anschließend die geraubten Güter unter seinen Anhängern verteilte. Hinzu kam ein Drang nach Land durch das Wachstum der Bevölkerung beziehungsweise unwirtliche Verhältnisse. Anscheinend waren für manche auch politische und soziale

Veränderungen ausschlaggebend, Skandinavien zu verlassen. Die Auswanderer, die Island zwischen 870 und 930 besiedelten, kamen hauptsächlich aus dem Südwesten Norwegens, wo der Zusammenfassung des Landes unter der zentralen Herrschaft von König Harald I. «Schönhaar» (850–933, Herrschaft ab 863) der stärkste Widerstand entgegentrat. Die Familien und Klans wollten offensichtlich fortfahren, unter ihren Häuptlingen und in den traditionellen, relativ lockeren Strukturen zu leben.

Als Folge der erfolgreichen Raubzüge und eines ausgedehnten Seehandels entwickelte sich in Norwegen, Schweden und Dänemark eine kompetente Führungselite, die es verstand, die Ziele ihrer Unternehmungen dem anzupassen, was die heimgesuchten Orte zu bieten hatten. Die Orkney- und Shetlandinseln waren wenig geeignet, zu plündern und Handel zu treiben, boten aber gute Voraussetzungen für eine langfristige Besiedlung. Irland, England und das Frankenreich hingegen waren wohlhabend und boten ein vielversprechendes Betätigungsfeld für Krieger, die Herrscher oder Bauern werden wollten – oder Kaufleute. Denn viele der risikobereiten Seefahrer waren leidenschaftliche Händler. An der Ostsee, der Nordsee und am Nordatlantik wurden von ihnen bevorzugte Häfen, wie das von Wikingern gegründete Dublin, zu wichtigen Handelszentren. Als in der zweiten Hälfte des 9. Jahrhunderts die lokalen Gewalten in den gefährdeten Gebieten wieder erstarkten und sich in England, Frankreich, Irland und selbst Litauen ein erfolgreicher Widerstand gegen die Überfälle der Wikinger organisierte, begannen diese, entfernter gelegene Länder zu kolonisieren.

Das relativ harte Leben in Norwegen hat offenbar viele Menschen bewogen, den drastischen Schritt der Auswanderung zu wählen. Im 10. Jahrhundert wurde Grönland von einer aus Norwegen und Island stammenden Gruppe unter Erich dem Roten besiedelt. Ihr Führer war ein gewalttätiger Mann, dessen Mordregister ihn selbst für skandinavische Verhältnisse berüchtigt erscheinen ließ. Er folgte dem Hinweis eines Seemanns, der Land gesichtet hatte, als er von Norwegen nach Island gesegelt und vom Kurs abgekommen war. Die Hoffnung, dass Grönland mindestens so viele Möglichkeiten bot wie Island, erwies sich allerdings langfristig als Illusion. Spätere Generationen mussten erkennen, dass die Aufrechterhaltung ihrer gewohnten Lebensformen unter den extremen Bedingungen des hohen Nordens zu schwierig war. Die Grönländer akzeptierten 1261 die norwegische Souveränität und ihre Fähigkeit zu überleben hing angesichts der sich verschlechternden klimatischen Bedingungen und des gleichzeitigen Eindringens der Eskimos aus Kanada von Norwegen ab. Als die See- und Handelsmacht Norwegens, nicht zuletzt durch den Aufstieg des Hansebundes und der baltischen Staaten, abnahm, schwand das Interesse an der norwegischen Handelsverbindung mit dem isolierten und unwirtlichen Land. Zu wenig war dabei zu verdienen. Grönland stellte minderwertiges Tuch her, lieferte geringe Mengen Pelze und Elfenbein, aber die Einwohner waren auf grundlegende Waren wie Getreide, Holz und Metalle angewiesen. Im Jahr 1370 ging das einzige Schiff, das regelmäßig die östliche Siedlung Gardar über den Nordatlantik belieferte, verloren. Danach fehlt jedweder Beleg für einen Kontakt, obwohl waghalsige Fischer oder Schiffe, die weit von ihrem Kurs abgetrieben wurden, gelegentlich an grönländischen Küsten angelegt haben mögen. Die letzten Spuren der sich stetig verringernden skandinavischen Bevölkerung verlieren sich am Ende des 15. Jahrhunderts.

Die Familien, die sich in Island und Grönland im späten 9. und frühen 10. Jahrhundert niederließen, entwickelten einen ziemlich einfachen Lebensstil, der im Wesentlichen auf der Schaf- und Rinderzucht, dem Jagen und Fischen beruhte. Ihre wikingischen Traditionen gaben sie aber nicht gänzlich auf. Die Isländer überfielen Irland und England auf Schiffen, die sie aus importiertem Holz gebaut hatten. Gegen Ende des 10. Jahrhunderts belief sich die inzwischen christliche Bevölkerung auf über 60 000 Menschen, aber ihre Versorgung hing stark von den Holz- und Getreideeinfuhren der norwegischen (und später hanseatischen) Händler ab. Obwohl ihre Felle, weißen Falken, groben Wollstoffe und Fischprodukte begehrte Waren darstellten, ist Island ein vorzügliches Beispiel für eine Inselgemeinschaft, die nur aufgrund ihrer maritimen Kontakte überleben konnte. Am Ende des 14. Jahrhunderts ließen ein abnehmender norwegischer Handel und das mangelnde Interesse der inzwischen konsolidierten skandinavischen Königreiche sowie vulkanische Aktivitäten und ein sich verschlechterndes Klima Island beinahe das gleiche Schicksal erleiden wie Grönland. Ironischerweise waren es englische Fischfangschiffe, die, von der Handelspolitik der Hanse verdrängt, nach neuen Fanggründen suchten und den Seehandel mit Island wieder belebten.

Vermutlich noch berühmter als die Eroberungsfahrt nach England durch Wilhelm von der Normandie ist die Expedition des Sohnes von Erich dem Roten, Leif Eriksson, der um das Jahr 1 000 von Grönland lossegelte und – aus heutiger Sicht – Amerika entdeckte. Tatsächlich erkundete er einen Teil der Küste von Labrador (Markland) und Neufundland (Vinland), verbrachte dort aber nur einen Winter und einen Frühling. Die Mannschaft seines Bruders Thorwald, die kurz nach seiner Rückkehr aufbrach, blieb gut zwei Jahre in Vinland, bevor sie dem Widerstand der einheimischen Amerikaner weichen musste. Bei dem darauf folgenden Versuch von Thorfinn Karsefni, einem angeheirateten Verwandten Erikssons, eine Kolonie zu gründen, wurde eine beträchtliche Schar von Männern, Frauen und Tieren in das gelobte Land verfrachtet. Diese versuchten mit den Eingeborenen

Handel zu treiben, konnten jedoch mit ihnen so wenig ein Auskommen finden wie untereinander, sodass sie sich nach einigen Jahren wieder zurückzogen. Die «Entdeckung Nordamerikas» durch die Normannen war ein Zufall wie die erste Sichtung Grönlands und kann leicht missverstanden werden, wenn man sie einfach als Vorläufer der Entdeckung der karibischen Inseln durch Kolumbus auffasst. Der entscheidende Unterschied zwischen beiden Expeditionen liegt darin, dass die Wikinger, die bis nach Nordamerika segelten, die gleichen Absichten hatten wie jene, die sich zuvor nach Grönland und Island vorgewagt hatten. Sie waren auf der Suche nach Siedlungsland, nicht nach Völkern, mit denen sie Handel treiben wollten.

Als Ironie der Geschichte muss es erscheinen, dass gerade, als die Südeuropäer unter den Augen der Welt damit begannen, ihr riesiges Imperium in den beiden Amerikas aufzubauen, vollkommen unbeachtet das Siedlungsabenteuer der Normannen in Grönland sein klägliches Ende fand.

Man ist leicht versucht, die verschiedenen Episoden der Kolonisierung und Eroberung durch warägische und normannische Gruppen als Aktivitäten eines extensiven nordischen Imperiums zusammenzufassen. Aber es gab keine übergreifende politische, wirtschaftliche oder gar kulturelle Einheit in den von den Skandinaviern besetzten Gebieten. Zwar wurden bis zu einem gewissen Grade Handelsverbindungen und Bündnisse untereinander aufrechterhalten, doch reihten sich diese im Laufe der Zeit in das weit gefasste Netzwerk der Beziehungen zwischen den Völkern Europas ein. In den meisten Fällen wurden die Normannen von den Gesellschaften, auf die sie trafen, absorbiert. Ob Kelten, Angelsachsen, Franken, Griechen oder Slawen, sie alle integrierten die ehemals wikingischen Bevölkerungsgruppen. Auch wenn es einigen kühnen skandinavischen Anführern gelang, in überseeischen Territorien die Herrschaft an sich zu reißen, ein dauerhaftes Reich hat keiner von ihnen geschaffen. Selbst das Doppelkönigreich Knuts des Großen überdauerte seinen Tod nicht. Die meisten der Erkundungsreisen und Siedlungsprojekte gingen auf die Initiative von Einzelnen oder kleinen Gruppen zurück und wurden von angestammten Führern und Mitgliedern der herrschenden Clans getragen. Als staatliche Unternehmungen auf Anordnung einer zentralen Gewalt, wie bei der späteren Expansion der Europäer nach Übersee, können sie nicht bezeichnet werden.

CHINA

Die politische und wirtschaftliche Entwicklung unter der Sui- (581–617) und der T'ang-Dynastie (618–907) legte den Grundstein für die kurze Blüte Chinas in der Sung-Periode (960–1279), in der das Reich zur dominanten Land- und Seemacht des Fernen Osten wurde. Die staatliche Macht war vorrangig auf den Schutz der allseits bedrohten Grenzen bedacht. Die Ausweitung der Handelsverbindungen blieb weit gehend den ehrgeizigen Kaufleuten überlassen, die sich oft genug mit den kaiserlichen Behörden auseinander setzen mussten, die jede Form von Auslandskontakten beargwöhnten. Der Einfall der Mongolen und die Einverleibung Chinas in deren Herrschaftsbereich lähmte während der nachfolgenden Yüan-Dynastie (1280–1368) die Kräfte des Landes.

In der Regierungszeit des frühen Ming-Kaisers Yung-le (1360–1424, Herrschaft ab 1403), als sich China von den inneren Wirren und den wirtschaftlichen Schwierigkeiten der mongolischen Herrschaft erholte, gab es eine kurze Periode überseeischer Machtpolitik, die sich durch die Reisen von Cheng Ho (1371–1433) anschaulich belegen lässt. Cheng Ho war ein Muslim aus Südchina, der mit einer Reihe von Expeditionen betraut wurde, die militärische und diplomatische Ziele miteinander verbanden und sowohl das Prestige Chinas aufwerten als auch seine Machtstellung im Indischen Ozean und in Südostasien festigen sollten. Mit rund 200 großen Schiffen und einer

Besatzung von fast 30 000 Mann – Seeleuten, Soldaten, Diplomaten und Kaufleuten – waren die Besuche ein durchschlagender Erfolg. Die Demonstration der chinesischen Seekriegsmacht wurde angesichts der zunehmenden Piraterie, die besonders von Japan ausging, zum Teil dankbar begrüßt. Chinas Handelsverbindungen in der Region stabilisierten sich, und der kaiserliche Hof wurde mit Geschenken überschüttet sowie von Gesandtschaften aus aller Welt überlaufen, die an dem sich abzeichnenden Aufschwung teilhaben wollten.

Die Nachfolger von Yung-le führten die Versuche nicht weiter, die Grenzen der politischen Macht bis an die Ränder des kommerziellen Netzwerkes, in das China eingebunden war, auszuweiten. Stattdessen, als Reaktion auf den enormen Druck durch erneute Einfälle an den nördlichen Grenzen, kehrten sie zur defensiven, nach innen gerichteten Haltung früherer Dynastien zurück. China schottete sich ab. Zwar gab es eine große Zahl Chinesen, die über das Meer Handel trieben oder sich in Südostasien und Indien niederließen, und die chinesischen Häfen standen ausländischen Seefahrern nach wie vor offen, das Landesinnere aber blieb für Ausländer verschlossen. Die kulturelle Isolation wurde an der Wende zum 17. Jahrhundert von einer jesuitischen Delegation unter Leitung von Matteo Ricci (1552–1610) durchbrochen, dem es durch Übernahme von Sprache, Kleidung und Gebräuchen gelang, in die führenden Kreise der chinesischen Gelehrten in Peking vorzudringen und in verschiedenen Provinzen christliche Gemeinden zu gründen. Auf dem neuesten Stand der europäischen Wissenschaften, vermochte er die selbstbewussten Mandarine zu überzeugen, dass es jenseits der chinesischen Grenzen nicht nur Barbaren gab. Seine umfangreiche Liste von Publikationen in chinesischer Sprache eröffnete er mit einer Weltkarte «der zehntausend Länder». Nachfolger Riccis erhielten unter anderem leitende Posten in der kaiserlichen Behörde für Astronomie.

Die Spanier in Amerika

Im August 1492 stachen die drei Schiffe des in Genua geborenen Seefahrers Christoph Kolumbus (Cristóbal Colón, 1451–1506) in Palos an der andalusischen Atlantikküste in See. Die Reise ging nach Westen, um auf dem Seeweg eine direkte Handelsroute nach China und Indien zu erschließen, doch stieß man auf die Karibischen Inseln. Diese berühmteste aller Seereisen hatte von Anfang an eine kommerzielle Ausrichtung, von der Krone Spaniens unterstützt, eröffnete sie dem Gewinnstreben der Spanier und anderer Europäer eine neue Region der Welt.

Die spanische Besiedlung der neu entdeckten «Westindischen Inseln» erfolgte schnell, zumal man annahm, das chinesische Festland läge unweit im Westen. Als diese Theorie sich durch die Entdeckung des bis dahin unbekannten Kontinents als falsch erwies, ergriffen die Spanier bereitwillig die Gelegenheit, die Gebiete Zentral- und Südamerikas zu besiedeln, mit ihnen Handel zu treiben, sie zu erobern und auszubeuten. Sowohl den königlichen Behörden in Spanien als auch den Repräsentanten, die im Auftrag der Krone in die Neue Welt kamen, ging es darum, aus der Entdeckung kräftig Profit zu schlagen. Und der Unternehmergeist, den die Spanier an den Tag legten, war bemerkenswert. Ein Teil der Gewinne aus der Eroberung Mexikos und Panamas wurde investiert, um die Eroberung Perus zu finanzieren. Der Feldzug Francisco Pizarros wurde außerdem durch private

Geschäftsleute unterstützt, die ihm auch mit Verpflegung und Männern zu Hilfe kamen, als er 1536 durch einen größeren Aufstand in Bedrängnis geriet.

Die beiden wichtigsten Gebiete der spanischen Eroberung waren Mexiko und Peru. Die Inseln Hispaniola (Haiti) und Kuba dienten als Ausgangspunkte für die Bezwingung des Festlandes in der ersten Hälfte des 16. Jahrhunderts. An der pazifischen Küste wurde 1519 Panama gegründet. Im gleichen Jahr führte Hernán Cortés (1485–1547) seine kleine Armee auf der Suche nach dem Gold der Azteken vom Golf von Mexiko ins Landesinnere. Die bestehende Unzufriedenheit im Aztekenreich, das von den unterworfenen Stämmen hohe Tribute, unter anderem Menschenopfer, forderte, nutzte er geschickt zu seinem Vorteil. Cortés und seine zweifelhaften Begleiter besaßen zwar die überlegenen Waffen, Musketen, Kanonen und Armbrüste, doch ohne die Unterstützung der Tlaxcala östlich des Texcocosees hätten sie die bemerkenswerte Eroberung nicht zu Wege gebracht. Diese gestatteten ihm, geradewegs zur Hauptstadt Tenochtitlán zu marschieren, und 1520, nach dem ersten, gescheiterten Versuch, den Sitz des Aztekenherrschers einzunehmen, auf ihrem Gebiet und mit ihrer Beteiligung ein größeres Heer zusammenzustellen. Strategisch ausschlaggebend war nicht zuletzt die bloße körperliche Anwesenheit der Europäer. Die Pocken, eine der vielen Krankheiten, die sie mitbrachten und gegen die es bei den Einheimischen keine Antikörper gab, hatten bereits 1518 unter der Bevölkerung von Hispaniola schrecklich gewütet, nun verrichteten sie ihr Werk in Mexiko. Im August 1521 konnte Cortés die Hauptstadt Straßenzug um Straßenzug einnehmen. Die Pocken verbreiteten sich weiter südlich nach Peru und trugen später dazu bei, dass auch hier der Widerstand gegen die Spanier geschwächt wurde.

Das Reich der Inka in Peru und Chile wurde 1532 von einer straff geführten spanischen Expedition unter dem ehrgeizigen und skrupellosen Francisco Pizarro (1475–1541) besiegt. Pizarro war, nachdem er zunächst das Gebiet erkundet hatte, bereits vor der eigentlichen Eroberung 1529 in Spanien zum Vizekönig von «Neukastilien» ernannt und mit Waffen ausgestattet worden. Drei Schiffe brachten die Spanier in gute Positionen, um ins Reich der Inka einzudringen, und mit Hilfe ihrer Feuerwaffen und Kavallerie versuchten sie, ihre geringe Truppenstärke auszugleichen. Die Gelegenheit für einen solchen Streich war günstig. Nachdem der angesehene Inka Huayna Cápac 1528 an den Pocken gestorben war, herrschte Unsicherheit darüber, welcher seiner Söhne ihm nachfolgen sollte. Der Bruderkrieg bot den Spaniern Gelegenheit, die Schwäche ihrer Gegner auszunutzen. Pizarro gelang es, den herrschenden Inka Atahualpa im Handstreich gefangen zu nehmen. Er ließ ihn – angeblich wegen der Ermordung seines Vorgängers und rivalisierenden Bruders – hinrichten und setzte einen weiteren Bruder als Marionette der Spanier auf den Thron. Diesem beinahe zugefallenen entscheidenden Sieg zum Trotz war die Eroberung des gesamten Reiches ein langwieriger Prozess, zusätzlich erschwert durch Streitigkeiten mit tödlichem Ausgang unter den führenden Konquistadoren. Das letzte Zentrum aktiven Widerstandes wurde schließlich 1572 überwunden.

Sobald die Bedeutung der neu entdeckten Küsten sich abzeichnete, sorgten die Spanier für eine Klärung der Besitzansprüche. Im Jahr 1494 legte der Vertrag von Tordesillas zwischen Spanien und Portugal rechtswirksam fest, dass nur der Osten Brasiliens für die portugiesische Kolonisierung offen stand. Eine Beteiligung anderer Staaten war nicht vorgesehen. Im Unterschied zu den Spaniern schienen es die Portugiesen nicht sonderlich eilig zu haben, die neuen Gebiete in Besitz zu nehmen. Erst 1530, als die Franzosen drohten, Brasilien zu kolonisieren, begannen sie mit der Besiedlung und der Ausbeutung des Landes, das der Vertrag ihnen zugesprochen hatte. Olinda, die Hauptstadt der portugiesischen Provinz Pernambuco, wurde 1535 gegründet; doch erst gegen 1600 hatte sich ihr Hafen Recife zum städtischen Zentrum des Gebiets entwickelt. Bahia, als portugiesische Verwaltungshauptstadt, geht auf das Jahr 1549 zurück.

Abenteuerlustige und ehrgeizige Auswanderer wurden mit der Aussicht auf Landübertragungen und satte Gewinne aus dem Zucker- und Tabakhandel in großer Zahl über den Atlantik gelockt. Vielversprechend klang auch die Chance, bei der Ausbeutung der Bodenschätze und der Verwaltung der Plantagen leitende Positionen zu übernehmen. So warfen sich die Angehörigen der Kolonialmächte zu Herren über die einheimische Bevölkerung auf und verwandelten deren urbane Zentren nach und nach in Kopien europäischer Städte. Reich und mächtig wurden nur wenige von denen, die auswanderten, denn in der Neuen Welt vergrößerten sich die alten Ungleichheiten des Vermögens und der gesellschaftlichen Stellung eher noch durch die ungeheuren Gewinne, die die Plünderung des Kontinents abwarf. Zugleich ging es noch dem ärmsten weißen Kleinbauern um ein Vielfaches besser als der einheimischen Bevölkerung oder den später importierten afrikanischen Sklaven. Als Heer unfreier Arbeitskräfte wurden sie von den Siedlern und ihren königlichen Verwaltungsherren genutzt, um für den Export Bodenschätze zu fördern und landwirtschaftliche Produkte anzubauen, um die Kolonialherren zu ernähren und zu bereichern. Hatte die Kolonialverwaltung der Spanier sich zunächst an den Tributforderungen des Azteken- und Inka-Reiches orientiert, entwickelte sich in der Perfektionierung der kolonialen Gewinnabschöpfung ein sozio-ökonomisches System, in dem eine kleine europäische Elite skrupellos ihre Macht über eine Bevölkerung aus unfreien Eingeborenen und verschleppten Sklaven von annähernd 20 Millionen Menschen ausübte. Erst nach und nach ersetzte man die Arbeitssklaverei, in der die Menschen oft zu Tode geschunden wurden, durch ein Lohn- und Vertragssystem, dessen ausbeuterische Bedingungen wiederum von den Kolonialherren diktiert waren.

Die Portugiesen im Indischen Ozean

Der portugiesische Expansionismus nahm seinen Anfang im 13. und 14. Jahrhundert, unmittelbar nach der Rückdrängung der muslimischen Herrschaft auf der Iberischen Halbinsel. Im Jahr 1415 eroberten die Portugiesen den marokkanischen Hafen Ceuta am östlichen Ende der Straße von Gibraltar und errichteten einige Handelsniederlassungen an der marokkanischen Küste. Diese Gebietsverletzung sowie die portugiesische Einmischung in ihre Handelsgebiete provozierte die muslimische Welt des Mittelmeers. Es gelang ihr jedoch erst Mitte des 16. Jahrhunderts, die Eindringlinge aus Nordafrika zu vertreiben, als längst andere Gebiete im Fokus der portugiesischen Interessen lagen. Unter dem ehrgeizigen König Johann I. (1357–1433, Herrschaft ab 1385) und seinem Sohn, Heinrich dem Seefahrer (1394–1466), begannen die Eroberungsfahrten auf den afrikanischen Kontinent. Die religiös unterfütterten politischen Ziele fielen zusammen mit den Interessen der Kaufleute, die den muslimischen Handel stören und direkten Zugang zu den Gold- und Sklavengebieten Afrikas südlich der Sahara bekommen wollten. Deshalb unternahmen die Portugiesen Erkundungsreisen auf die Azoren, die Kapverdischen Inseln, nach Madeira und an die Westküste Afrikas.

Gegen Ende des 15. Jahrhunderts gab es eine ganze Reihe portugiesischer Handelsniederlassungen an der Westküste Afrikas und auf den davor gelegenen Inseln. Die wichtigste wurde 1481 als befestigter Stützpunkt bei Elmina am Golf von Guinea errichtet. Dort wurde neben Sklaven vor allem Gold aus den afrikanischen Staaten und Stämmen gegen eine Vielzahl europäischer Waren gehandelt. Am Ende des 16. Jahrhunderts verschob sich der Schwerpunkt vom Gold auf (männliche) Sklaven, die über den Atlantik in die Karibik und nach Brasilien verschifft wurden. Die 1473 entdeckte Insel Sao Tomé wurde zum Prototyp der «kolonialen Fabrik», die Sklavenarbeit dazu benutzte, Zuckerrohr anzubauen und die Zuckermühlen zu betreiben. Anders als in den amerikanischen Kolonien stellten sich den Portugiesen hier eine ganze Reihe von Problemen entgegen. Sklavenrevolten waren in diesen Gebieten nichts Ungewöhnliches, die relativ hoch entwickelten afrikanischen Königreiche verstanden es, sich zu wehren. Außerdem gab es die Konkurrenz anderer Europäer in diesen Gebieten, vornehmlich der Spanier und Holländer. Die Portugiesen drangen daher bis in den äußersten Süden Afrikas und den Rand des Indischen Ozeans vor. Bartolomeu Diaz erkundete die Küste um die afrikanische Südspitze herum bis zum Großen Fischfluss und kehrte erst um, als seine Mannschaft zu meutern begann. Die Landspitze, an der er auf seiner Rückfahrt in den Atlantik vorbeisegelte, nannte er Kap der Guten Hoffnung, weil sich hier die Aussicht eröffnet hatte, die Seeroute nach Indien zu entdecken.

Als nächsten schickte König Emanuel I. (1469–1521, Herrschaft ab 1495) Vasco da Gama auf Erkundungsreise mit dem Auftrag, im Orient Kontakt mit christlichen Monarchen zu suchen und Portugal zur zentralen Macht im Handel der Region zu machen. Vasco da Gamas Erkundungsreise (Karte A) mit machtpolitischem Hintergrund fand entlang der ostafrikanischen Küste ein gemischtes Echo. Von den Herrschern in Mozambique schied er im Streit – und ohne den Lotsen, der ihm den Seeweg nach Indien hätte zeigen können.

Ein Zwischenstopp in Malindi erfolgte jedoch zu einem günstigen Zeitpunkt, da der örtliche Herrscher in den Portugiesen potentielle Verbündete gegen seine feindlichen Nachbarn sah. Unter der Führung Ibn Majids, eines in diesen Gewässern erfahrenen Steuermanns, brach da Gama auf zur Fahrt über den Indischen Ozean. Im indischen Calicut wurde den portugiesischen Schiffen ein herzlicher Empfang bereitet. Da Gama hatte ein Empfehlungsschreiben seines Königs an den Herrscher und erhielt eine beträchtliche Ladung Gewürze, obwohl es ihm an Waren fehlte, die er zum Tausch hätte anbieten können. Insgesamt hinterließ die Expedition in den vorherrschend muslimischen Seestädten der Region einen ungünstigen Eindruck. Da Gama war eher Soldat als Diplomat. Und die Befürchtungen nach der ersten Begegnung sollten sich in den folgenden Jahren als berechtigt erweisen, denn die Portugiesen begannen, an der zuvor erkundeten Strecke systematisch wichtige Häfen unter ihre Kontrolle zu bringen.

Die portugiesische Krone gründete 1505 offiziell eine Behörde, den so genannten *Estado da India* («Indischer Staat»), der den politischen Rahmen für die Interventionen der Portugiesen in die Region des Indischen Ozeans schaffen sollte. Die entsprechende Handelsorganisation, *Casa da India* («Indisches Haus»), war im Wesentlichen darauf ausgerichtet, Portugal eine Monopolstellung im lukrativen Gewürzhandel zu sichern, vor allem im Pfefferhandel, der beinahe drei Viertel des Gewürzhandels bis zum 16. Jahrhundert ausmachte. Durch einen Angriff auf den Hafen von Aden 1513 versuchten die Portugiesen, die traditionell von muslimischen Seefahrern benutzte Pfefferstraße durch das Rote Meer zu blockieren und auf diese Weise die Kaufleute aus Katalonien, Venedig, Alexandria sowie der Levante von ihrer wichtigsten Bezugsquelle abzuschneiden. An ihre Stelle sollte ein portugiesisches königliches Handelsmonopol treten. Aber der Plan wurde durch das Osmanische Reich durchkreuzt, das eine entschiedene, wenn auch teure Schutzgarantie für die alte Route gab. Der entscheidende Vorteil der Portugiesen im frühen 16. Jahrhundert lag in ihren überlegenen Schiffen und ihrer Seekriegsführung. Die robusten, hochseetüchtigen Fahrzeuge mit schweren Geschützen waren das geeignete Instrument einer aggressiven Überfalltaktik. Ein tiefer gehendes Verständnis für die Politik und die diplomatischen Verwicklungen der Regionen, in die sie sich drängten, ging den Portugiesen weit gehend ab, aber sie handelten pragmatisch nach dem Motto *divide et impera*. Die Kriegsflotte einer kurzzeitig im indischen Gujarat gebildeten «Liga aller Muslime» wurde 1509 im Golf von Khambhat geschlagen. Der Gouverneur des Sultans von Gujarat einigte sich daraufhin mit den Siegern, andere von Muslimen und Hindus kontrollierte Häfen schlossen sich an und wurden gezwungen, den Portugiesen Schutzgelder zu zahlen. Die Weigerung bedeutete, dass Häfen und Kaufleute den Plünderungen durch die überlegenen portugiesischen Schiffe ausgesetzt waren. Während die Portugiesen an der Westküste Indiens erfolgreich einige dominante Stützpunkte errichten konnten, gelang es ihnen nicht, die Macht der muslimischen Kaufmannsgemeinschaften an der Westküste zu überwinden oder einschneidend in den dortigen Südostasien-Handel einzugreifen, der von Machilipatnam aus, dem bedeutendsten Hafen des Großmoguls von Dekan, betrieben wurde.

Der *Estado da India* hatte schon früh das Ziel, über den indischen Subkontinent hinaus bis zu den Gewürzinseln und anderen fantastisch reichen Ländern vorzudringen, die weiter im Osten liegen sollten. 1511 nahm die königliche Flotte unter dem schlachterprobten Alfonso de Albuquerque Malakka ein, das Zentrum des ausgedehnten Gewürzhandelsnetzes im Indischen Ozean. Die Rivalität mit Spanien in diesem Gebiet verlieh der Vorgehensweise eine gewisse

Dringlichkeit. Die kleinen Nelkeninseln Ternate und Tidore wurden in einen Krieg verwickelt, der ihre eigenen Streitigkeiten unter dem Gewicht des iberischen Konflikts begrub. Der spanische Rückzug im Jahre 1529 ließ den Portugiesen praktisch freie Hand, und sie machten so ausgiebig Gebrauch davon, dass Ternate fünfzig Jahre lang nichts als ein befestigtes Lagerhaus war, um die molukkischen Nelken, Muskatblüten und Muskatnüsse zu sammeln und zu verschiffen.

Die größten wirtschaftlichen Erfolge erzielten die Portugiesen allerdings gezwungenermaßen friedlich im Fernen Osten. Der erste portugiesische Besuch am Kantonfluss fand 1516 statt und der anfängliche Handelsaustausch mit China verlief ohne Konflikte. Als die Portugiesen versuchten, neben Malakka einen weiteren befestigten Handelsstützpunkt zu errichten und ein Monopol auf den Seehandel durchzusetzen, wurden sie von der chinesischen Flotte in die Schranken gewiesen. 1521 unterband ein offizielles chinesisches Verbot jeglichen Handel mit den Portugiesen. Dieses Embargo wurde jedoch regelmäßig von geschäftstüchtigen Händlern auf beiden Seiten unterlaufen, die sich in den kleinen Häfen oder auf den winzigen Inseln außer Reichweite der behördlichen Kontrolle trafen. Mitte des 16. Jahrhunderts setzte ein Wandel ein in der offiziellen chinesischen Haltung gegenüber dem Überseehandel. Von 1567 an wurde ein begrenzter Handelsverkehr amtlich gebilligt. Der Bau von Hochseeschiffen war in China während des kaiserlichen Embargos vernachlässigt worden. Deshalb hatten ausländische Seefahrer einen eindeutigen Vorteil. Die Portugiesen nahmen den direkten Handel wieder auf und importierten Elfenbein, Ebenholz und peruanisches Silber nach China, aus dem sie Seidenwaren, Keramik und chinesisches Kupfer, Quecksilber und Kampfer exportierten. Silbermünzen waren im 15. Jahrhundert in China eingeführt worden und das Reich hatte großen Bedarf an den Silberbarren aus der Neuen Welt. Folgerichtig trieben auch die Spanier selbst mit China Handel. Die Seeroute nach Japan entdeckte eine portugiesische Handelsexpedition mit Reiseziel China, als sie 1542/43 durch einen Taifun vom Kurs abgebracht wurde. Die Japaner zeigten sich zuvorkommend und die Portugiesen errichteten eine lukrative Handelsverbindung für ihre mit chinesischen Waren beladenen Schiffe.

Der Traum eines portugiesischen Monopols über den Orienthandel hat sich nicht erfüllt. Den ausbalancierten Handel in der Region des Indischen Ozeans haben die Portugiesen, trotz ihres imperialen Ehrgeizes, und obwohl sie gewaltbereite und unzuverlässige Verhandlungspartner waren, nicht nachhaltig gestört. Es ist ihnen gelungen, zu bedeutenden Akteuren im Seehandel zu werden, aber sie waren weit davon entfernt, die angestrebte Vorherrschaft zu erringen. Nach und nach haben sie sich – unter dem Druck des örtlichen Widerstandes und des Wettbewerbs durch europäische Konkurrenten – mit einer kooperativeren Teilnahme an den Seehandelsnetzwerken der Region zufrieden gegeben.

Die Ostindischen Kompanien der Holländer und Engländer

Die Länder Europas waren zunächst darauf angewiesen, sich über die florierenden Atlantikhäfen Cadiz und Lissabon mit afrikanischen, asiatischen und amerikanischen Produkten zu versorgen, da die iberischen Mächte im Handel mit den Überseegebieten, vor allem den Kolonien, das Monopol auf direkte Ein- und Ausfuhren beanspruchten. Die Weiterverteilung überließen sie dagegen den europäischen Handelsflotten. Im Windschatten der Machtkämpfe pflegte vor allem die Hanse so gute Beziehungen zu den Portugiesen, dass diese zuweilen ihr Schiffskontingent nach Übersee durch die Duldung einer hanseatischen Beteiligung aufstockten. Im Jahr 1590 beispielsweise trafen elf Schiffe aus Hamburg in Brasilien ein.

Infolge der Konflikte, die sich in Europa im 16. Jahrhundert aus Reformation und Gegenreformation ergaben, wurde dagegen den protestantischen Engländern und Holländern der Zugang zu den Häfen der katholischen Mächte verwehrt. Ihr Ausschluss vom wachsenden Überseehandel trieb sie dazu, sich einerseits auf Piraterie und Freibeuterei (staatlich geförderte Piraterie) zu verlegen und andererseits eigene Handelsverbindungen mit den Gebieten des Indischen Ozeans und Amerikas zu suchen. Private Handelskompanien, in denen Kaufleute ihre Mittel zusammenlegten, um Handelsreisen oder Raubzüge in die beiden Amerikas und den Orient auszurüsten, heuerten zur Leitung solcher Expeditionen abenteuerlustige Seefahrer wie Francis Drake und Walter Raleigh an. Mit ihrer Kombination aus Handels- und Kriegsschiff lösten diese Seeabenteurer in den östlichen Meeren Angst und Schrecken aus. Ihr Auftreten eröffnete ein neues Kapitel europäischer Interventionen im Orient.

Im Jahre 1602, noch mitten im Krieg mit dem habsburgischen Spanien, von dem man sich 20 Jahre zuvor unabhängig erklärt hatte, gründete die Niederländische Republik die *Vereenigde Oostindische Compagnie*, um in den viel versprechenden Handel einzusteigen, der sich in Ostindien eröffnete. Erfahrung und Kapital dafür brachte man reichlich mit. Etabliert als europäisches Handelszentrum seit dem Hochmittelalter wurde rund die Hälfte der Welthandelsgüter in den Niederlanden umgeschlagen. Im Mittelpunkt des europäischen Geldmarktes stand die Börse von Antwerpen. Die Holländer waren als anerkannt tüchtige Hochseefahrer gewohnt, große Frachtschiffe mit Ladungen wie Wein, Tuch, Holz und Salz in den Gewässern der Ostsee, Nordsee und des Atlantischen Ozeans zu steuern. Und gerade durch den langen Kampf mit der spanischen Monarchie hatte man eine wehrhafte Flotte aufgebaut. Die englische *East India Company*, im Jahr 1600 in London ins Leben gerufen, verfügte über weniger Kapital und Schiffe als ihr holländisches Gegenstück, aber ihre schnellen Schiffe konnten knappere Zeitpläne einhalten. Im Allgemeinen waren sie auch sehr viel besser bewaffnet. Die englische wie die niederländische Kompanie nutzten das Auktionssystem, um die Profite zu maximieren und das Warenangebot von Gewürzen über Textilien bis zu Tee möglichst breit zu halten.

Die niederländische Kompanie setzte zu ihrer Etablierung im Handelsnetzwerk des Indischen Ozeans von Anfang an kriegerische Mittel ein. Um die Portugiesen aus Malakka und Ceylon zu vertreiben, verbündeten die Holländer sich mit deren Rivalen, wie den Städten Dschohor und Kandy. Auf Java, dessen zerstrittene lokale Machthaber keinen ernsthaften Widerstand erwarten ließen, errichteten sie in Djakarta, das sie in Batavia umbenannten, ihr Hauptquartier für Südostasien. Beide Kompanien richteten Flottenstützpunkte ein, um ihre (militärischen) Kräfte zusammenziehen und wirksam einsetzen zu können. Im weiten Umkreis versuchten sie, strategisch wichtige Häfen unter ihre Kontrolle zu bringen. Dabei war das Hauptaugenmerk der holländischen Kompanie auf Südostasien und den Fernen Osten gerichtet, weil man sich die Vormachtstellung im Handel mit China und Japan sichern wollte. Nach und nach schwenkte im 17. Jahrhundert die Politik der Dominierung von den Handels- auf die Produktionszentren über, vor allem die Pfefferanbaugebiete in Ceylon, der Malabarküste Südwestindiens und den Molukken. Die Engländer hatten Stützpunkte in Bombay, Madras und Kalkutta und operierten in großem Umfang im Arabischen Meer.

Anfänglich waren die niederländische und die englische Kompanie verbündet, doch kam es bald zum Bruch, als die Holländer ihre ehemaligen Partner vom Gewürzhandel ausschlossen und aus einigen ihrer Landstützpunkte vertrieben. Die Konkurrenz schlug in offenen Konflikt um, als die fortwährenden europäischen Kriege die bedeutenden Seemächte zu neuen Allianzen zusammenführten. Die Engländer wechselten zu den Spaniern und Portugiesen, die Holländer auf die Seite der Franzosen. Erst in dieser Phase wurde der Zusammenhalt des althergebrachten Handelsnetzes im Indischen Ozean grundlegend erschüttert, und es konnte nicht ausbleiben, dass die politischen und wirtschaftlichen Interessen der europäischen Nationen sich mit diesen Konflikten eng verflochten. Es war die militärische Stärke Großbritanniens in Europa und überall auf der Welt, die nach und nach die britische ostindische Kompanie und andere Kolonialagenturen in die Lage setzte, Region um Region zu einem ausgedehnten maritimen Imperium zusammenzufügen.

Das britische Seereich

Viele Briten sind stolz auf den zivilisatorischen Fortschritt, den ihre Vorfahren dem indischen Subkontinent beschert haben. Die rücksichtslose Bereicherung ihres Landes auf Kosten der Inder möchten sie dagegen nicht genauer betrachten. Das nordwestindische Bengalen mit der Hauptstadt Kalkutta war die erste Region unter britischem Einfluss – und musste drastisch erfahren, was es heißt, aus der Ferne verwaltet zu werden. In England hatte der Protest der heimischen Textilarbeiter ein Verbot der Einfuhr bedruckter Baumwollstoffe erzwungen. Mit einem Mal entstand ein hoher Bedarf an weißen Stoffen, die besonders günstig in Bengalen zu erhalten waren, wo die englische Ostindische Kompanie seit 1612 den Handel kontrollierte und die Stoffladungen zur weiteren Verarbeitung nach Großbritannien verschiffte. Das Ergebnis des enormen Anstiegs des britischen Baumwollhandels mit Bengalen, der natürlich von britischen Schiffen abgewickelt wurde, war eine enge britische Verflechtung mit der Wirtschaft und Politik dieser Provinz. Der langfristige Effekt bestand darin, dass die Bengalen weit gehend abhängig wurden von den Einnahmen, die sie aus der Baumwollweberei für den Export erzielten. Als im Verlauf der industriellen Revolution mechanische Webstühle die britische Textilproduktion in Führung brachten und deren Erzeugnisse dank der Fortschritte im Schiffsverkehr weltweit vermarktet werden konnten, brach in Bengalen der gesamte

Erwerbszweig zusammen und das Land musste wieder zur Landwirtschaft zurückkehren. Nachfolgende Unruhen, die auch mit Regierungsproblemen des herrschenden Nabobs zu tun hatten, führten zu Übergriffen auf das britisch dominierte Kalkutta. Als Antwort mobilisierte die Ostindische Kompanie 1756 eigene Streitkräfte unter Führung von Robert Clive. Dessen militärischer Erfolg führte dazu, dass die Ostindische Kompanie die Verwaltung und die Steuereintreibung von Bengalen übernahm. Die Einnahmen halfen ihr, weitere territoriale Eroberungen in Indien zu finanzieren sowie Tee einzukaufen und auszuführen.

Die Ostindische Kompanie hätte Indien als Waren produzierenden Staat organisieren können, wenn nicht die industrielle Revolution gewesen wäre, die Großbritannien kometenhaft in eine führende Position brachte. Diese Entwicklung wurde durch den Reichtum, der aus Indien in britische Privatvermögen übergegangen war, begünstigt; richtig in Gang aber kam sie durch das ausgedehnte Handelsnetz, das die Briten im 18. Jahrhundert geknüpft hatten. Dieses Netzwerk von Exportmärkten sorgte dafür, dass die heimische Industrie ihre Produktion weit mehr ankurbelte, als wenn lediglich ein einzelner Markt zu bedienen gewesen wäre. Die Ostindische Kompanie setzte sich nun selbst an die Stelle der feudalen Herrscher, presste aber weit höhere Tribute von den Bauern, Handwerkern und Kaufleuten als der Großmogul und die Nabobs, und transferierte das Kapital ins Machtzentrum des britischen Empire. Im versierten Einsatz der Land- und Seestreitkräfte, die der Ostindischen Kompanie zur Verfügung standen, gelang es ihren Generälen, den Widerstand der indischen Herrscher und der konkurrierenden europäischen Mächte auf dem Subkontinent zu brechen, besonders Frankreichs, dessen *Compagnie Française des Indes* 1761 von ihrem Einflussgebiet im Süden Indiens vertrieben wurde. Eine entscheidende Voraussetzung für die Übernahme und Ausbeutung des Subkontinents war die unablässig befahrene Seeverbindung. Die britische Handelsflotte brachte die Mannschaften, die Offiziere und Beamten nach Indien, die es eroberten und verwalteten, und nahm die Waren und Profite wieder mit nach Hause. Als die industrielle Revolution Großbritannien mit enormen Produktionskapazitäten und gewaltigen finanziellen Ressourcen ausstattete, wurden Indien und andere imperiale Besitzungen endgültig zu Handelspartnern zweiter Klasse. Sie versorgten einen Markt mit Gütern, an den sie verkaufen mussten.

Die Ostindische Kompanie führte ein vertragsähnliches System zur Eintreibung der Steuern von den indischen Kleinbauern ein. So definiert der Erlass zur dauerhaften Besiedlung von Bengalen aus dem Jahre 1793 die Kleinbauern als Pächter der Regierung. Diese Pacht war eher ein vertraglich geregelter fester Betrag als eine variable Steuer. Und allein durch dieses Besteuerungsinstrument schöpfte die Kompanie im Laufe der Jahre einen Großteil des in Indien im Umlauf befindlichen Silbers ab. Insgesamt lief die Ausweitung der britischen Herrschaft auf eine Depression der indischen Wirtschaft im frühen 19. Jahrhundert hinaus. Die indischen Exporte nach Britannien und China wiesen in der ersten Hälfte des 19. Jahrhunderts zwar einen beträchtlichen Überschuss aus, aber da die Kompanie verpflichtet war, bedeutende Geldsummen nach London abzuführen, ist ein entsprechendes Wachstum der indischen Wirtschaft nicht zu verzeichnen. Der deutsche Historiker Dietmar Rothermund hat die Beziehung zwischen Großbritannien und Indien treffend zusammengefasst: «Die Ostindiengesellschaft als moderne Korporation einer fremden Bourgeoisie nistete sich wie ein Parasit in dem militärfeudalen Agrarstaat ein.»[6] Im Jahre 1813 wurde das Handelsmonopol der Ostindischen Kompanie aufgehoben und nach 1833 gab sie den Handel ganz auf. Sie verkaufte ihre Indigo- und Seidenfirmen und beschränkte sich fortan darauf, ihren Teil des Empire zu verwalten.

Ein weiteres Beispiel für die britische Ausbeutung ihres überseeischen Imperiums liefert der legendäre Bau der indischen Eisenbahn. Während britische Transporthistoriker mit Recht darauf hinweisen, dass der Auf- und Ausbau des indischen Eisenbahnnetzes durch britische Firmen eine beachtliche Leistung des britischen Maschinenbaus und Unternehmergeists darstellt, können Historiker der indischen Wirtschaft sie als Beweis für die Profitgier und das rücksichtslos verfolgte Eigeninteresse der Verwaltung des britischen Empire werten. Die Eisenbahnverbindungen wurden in den 1850er Jahren tatsächlich mit beeindruckender Geschwindigkeit ausgebaut. Und dafür zeichnet wohl auch der letzte Generalgouverneur der Ostindischen Gesellschaft, Lord Dalhousie, verantwortlich, der die Vereinigung und Modernisierung Indiens nach westlichen Maßstäben rigoros vorantrieb und bereits ein Verfechter des Eisenbahnausbaus in England gewesen war. Währenddessen ging jedoch die indische Industrialisierung schleppend voran. Und auch die endgültige Auflösung der Ostindischen Kompanie und die Einsetzung eines Vizekönigs 1858, mit dem Indien direkt der britischen Krone unterstellt war, änderte wenig an der parasitären Qualität der britischen Herrschaft. Bis 1900 war ein Eisenbahnnetz von 25 000 Meilen verlegt. Doch obwohl man 1865 mit der Herstellung von Eisenbahnlokomotiven in Indien begonnen hatte, war es billiger, die Maschinen und Gleise aus Großbritannien zu importieren, zumal seit der Verkürzung der Passage durch den 1869 eröffneten Suezkanal.

In der Zeit zwischen 1863 und 1941 wurden 700 Lokomotiven in Indien gebaut, 12 000 aber aus Britannien importiert. Darüber hinaus wurde das aus Britannien in diese Herstellung investierte Kapital mit beachtlichen 5 Prozent verzinst, die aus dem Steueraufkommen der indischen Bevölkerung bezahlt werden mussten. Bis weit in das 20. Jahrhundert hinein haben indische Nationalisten die Briten kritisiert, dass sie das Geld statt in dringend benötigte Bewässerungsprogramme in die Eisenbahn gesteckt haben. Mit dem guten Geschäft legten die Briten aber zugleich das Fundament ihrer eigenen Entmachtung. Die Eisenbahnen beförderten die Anhänger der nationalen Befreiung, ihre Ideen und Druckerzeugnisse quer durch das Land. So wie die Einbeziehung Indiens in das britische Rechtssystem die Ausbildung vieler indischer Rechtsanwälte notwendig machte, von denen einer Mahatma Gandhi war.

Das Verhältnis Großbritanniens zu Indien von der Mitte des 18. bis zur Mitte des 20. Jahrhunderts kann mit Recht als Kolonialherrschaft bezeichnet werden. Die Briten eroberten Indien durch eine Überseehandelsgesellschaft und beuteten das Land aus der Ferne aus, gestützt auf die Einschüchterungskraft ihrer Kriegs- und Handelsflotte. Der Indische Ozean und andere ehemals eigenständige Regionen wurden in einem mächtigen politischen und wirtschaftlichen Netzwerk gefangen, das praktisch den ganzen Globus umspannte. Krisen innerhalb dieses Netzwerks, das sollte sich noch zeigen, erfassten alle Teile und führten zu globalen Wirtschaftskrisen und Weltkriegen.

IV

Religionen

Meer und Seefahrt haben auf vielfältige Weise Eingang gefunden in religiöse Überzeugungen und Praktiken. Vor allem das Boot wurde in vielen Religionen benutzt, um die Reise ins Jenseits zu symbolisieren. Archäologen finden immer wieder kleine Modelle und sogar Schiffe in voller Größe, die als Opfergaben oder Grabbeigaben eine wichtige Rolle in religiösen Ritualen gespielt haben. Die Seefahrer selbst mögen zwar nicht als besonders tugendhaft gelten, ohne einen starken Glauben hätten aber viele von ihnen kaum gewagt, dem Mutwillen der Elemente zu trotzen. Und vermutlich gibt es keine bessere Möglichkeit, die Grenzen der menschlichen Macht zu erfahren, als sich aufs Meer hinauszubegeben. In diesem Kapitel geht es um den Zusammenhang zwischen der Seefahrt und der Verbreitung der wichtigsten Religionen der Welt.

Buddhismus

Gründer des Buddhismus war Siddharta Gautama, der Buddha («der Erleuchtete»), der um 560 v. Chr. im nördlichen Indien, an der Grenze zum modernen Nepal, geboren wurde. Nach seiner Heirat und der Geburt eines Sohnes veränderten eine Reihe existenzieller Begegnungen – mit einem Alten, einem Kranken, einem Toten und einem Mönch – seine Einstellung zum Leben und ließ ihn nach spiritueller Erleuchtung durch die Ausübung von Askese und Meditation suchen. Obwohl er als Sohn eines Aristokraten eine hohe soziale Stellung im Kastenwesen einnahm, verwarf er einige der zentralen sozialen und philosophischen Grundsätze seiner Kultur, gründete einen Bettelorden und widmete den Rest seines Lebens der neuen Lehre: Begierde und Angst auszulöschen durch das Streben nach letzter Erleuchtung (Nirwana). Er starb um 486 v. Chr., doch seine Prinzipien verbreiteten sich weit in Südasien und im Fernen Osten. Klöster für Mönche und für Nonnen wurden zu den Zentren der buddhistischen Gemeinschaft.

Der Buddhismus bildete sich im vielgestaltigen Kontext der religiösen und sozialen Traditionen der Hindu heraus. Der weite Begriff Hinduismus umfasst alle Religionen der indischen Völker. Als eine historisch gewachsene Ansammlung religiöser Überzeugungen und Praktiken ohne zentrale Stifterfigur und ohne dogmatische Vereinheitlichung finden sich unter dem Dach des Hinduismus viele unterschiedliche «Wege» vereinigt: Rückzug in die Meditation wie außerordentlich prachtvolle Zeremonien, entsagungsvolle Askese wie erotische Vereinigung, Vegetarismus wie (in der Vergangenheit) Kannibalismus. Im Laufe seiner Entwicklung hat sich der Hinduismus zudem ein großes Pantheon voller Gottheiten und gottähnlicher Wesen einverleibt, die von verschiedenen religiösen Gruppen unterschiedlich gewichtet werden und um die sich ein beeindruckendes Korpus von heiligen Texten (der Weda) mit mythischen Geschichten und Weisheitslehren entwickelt hat. Angesichts seiner komplexen und dynamischen Form überrascht es nicht, dass der Hinduismus keinen nennenswerten missionarischen Impuls entwickelt hat.

Der Buddhismus war ursprünglich eine Reformbewegung innerhalb des Hinduismus, und seine frühen Anhänger kamen aus den Völkern Nordindiens. Auch wenn die Bekehrung von Aschoka, dem letzten Herrscher der Mauryan-Dynastie (gest. 234, Herrschaft ab 274 v. Chr.), zu einem grundlegenden Wandel seiner Herrschaftsweise führte, verbreitete sich der Buddhismus nicht vorrangig über solche politischen Erfolge. Vielmehr wurde er über die Handelsstraßen zu Lande und zu Wasser in andere Teile Südasiens und des Fernen Osten getragen. Am Ende passte sich der Hinduismus an die Bedürfnisse einer sich zunehmend differenzierenden Gesellschaft an und übernahm einige entscheidende Aspekte der buddhistischen Philosophie. Die Anhänger des buddhistischen Weges wiederum übertrugen die pantheistische Haltung des Hinduismus auf die Verehrung ihrer eigenen religiösen Autoritäten. Im 11. und 12. Jahrhundert n. Chr. verschwand der Buddhismus fast völlig aus Indien, zum Teil aufgrund der muslimischen Eroberung, zum Teil aufgrund der Erneuerung des Hinduismus.

In Ceylon hatte der Buddhismus bereits im 3. Jahrhundert v. Chr. weit gehend Fuß gefasst. Die Mehrheit der singhalesischen Bevölkerung, vor allem die herrschende Schicht, schloss sich ihm an. Ohne ihre Unterstützung, wie unter anderem die Steuerbefreiung für die den Klöstern geschenkten Ländereien, wäre der Buddhismus nicht in der Lage gewesen, der Eroberung Ceylons durch das südindische Chola-Reich (1017–1070) ebenso standzuhalten wie dem gewaltsamen Einfallen portugiesischer und holländischer Flottenverbände im 16. und 17. Jahrhundert. Für die Verbreitung des Buddhismus nach China, die sich über Zentral- und Südostasien auf dem Landweg vollzog, gibt es bereits aus dem 1. Jahrhundert n. Chr. Belege. Von dort kam er im 4. und 5. Jahrhundert nach Korea. Koreanische Mönche führten den Buddhismus in den 20er Jahren des 6. Jahrhunderts in Japan ein. Der Soga-Herrscher Jomei verkündete 587 die offizielle Zulassung der Lehren Buddhas neben dem Schintoismus, was von seinem Prinzregenten Umayado (573–621) gefördert wurde. Und die Ritsuryo-Herrscher des 7. und 8. Jahrhunderts setzten sich stark für die Verbreitung des Buddhismus in allen Schichten der Gesellschaft ein. Vor allem die japanische Elite nahm ihn als willkommenes Mittel auf, ihrem sozialen Status eine religiöse Legitimation zu geben. Im 19. Jahrhundert brachten chinesische und japanische Immigranten den Buddhismus nach Hawaii, und ihre Glaubensgemeinschaften trugen ihn in die Vereinigten Staaten. Europa hat ebenfalls buddhistische Mönche aus Südasien aufgenommen, vor allem Großbritannien, das zu Beginn des 20. Jahrhunderts sehr enge Seeverbindungen mit Ceylon unterhielt. Im Verlauf des Auflösungsprozesses angestammter Traditionen in den westlichen Industriestaaten im letzten Drittel des 20. Jahrhunderts gewann der Buddhismus hier stark an Beachtung. Umfragen zufolge empfinden rund 50 Prozent der Angehörigen der christlichen Kirchen in Deutschland das Konzept der Reinkarnation als plausibel.

Der vielleicht wichtigste Aspekt des Buddhismus, der auch zu seiner Attraktivität für den modernen Westen beiträgt, liegt in seiner Betonung der Fähigkeit des Individuums, selbst Erleuchtung und spirituelle Erlösung erlangen zu können. Bereits zur Zeit seiner frühen Verbreitung verdankte er seine Anziehungskraft für die wachsenden städtischen Gemeinschaften und für jene Gruppen, die regelmäßig auf dem Seeweg zwischen verschiedenen Gemeinschaften verkehrten, zum Teil auch seiner Anpassungsfähigkeit an sich ändernde Sozialstrukturen. Hier stand er im Gegensatz zum frühen Hinduismus, der bestehende soziale Strukturen und lokale Bindungen festschrieb. Aus diesen Gründen erschien er wie zugeschnitten auf die unternehmerischen, mobilen Kaufleute, denen die meisten lokalen Religionen lediglich einen relativ niedrigen Stand in den sozial-religiösen Hierarchien zuerkannten. Individuelle Schenkungen an Klöster durch einen weiten Kreis von Berufsständen sind folgerichtig ein Merkmal des Buddhismus von seiner frühesten Phase an, und viele buddhistische Klosteranlagen befinden sich nahe bei den Handelshäfen der West- und Ostküste der indischen Halbinsel. Diese Anlagen waren auch ein Forum für die Zurschaustellung des neuen Prestiges der sich dort versammelnden Buddhisten, eine Tendenz, die in anderen Teilen Asiens Nachahmung fand.

Aus maritimer Sicht interessant erscheint die Einsetzung eines Schutzpatrons im weit verbreiteten Mahayana-Buddhismus, des Bodhisattwa Avalokitesvara, einer Erscheinungsform des Buddha, die unter anderem mit der Macht ausgestattet war, Seeleute vor Seeungeheuern oder bei Schiffbruch zu retten. Seit dem 3. Jahrhundert n. Chr. überlieferte Texte und Skulpturen, die speziell zur See fahrenden Kaufleuten spirituellen Schutz versprechen, weisen darauf hin, dass der Buddhismus als besonders attraktiv für wagemutige Seeleute angesehen wurde. In der Verbreitung des Buddhismus aber hat die Seefahrt nur eine begrenzte Rolle gespielt, und die pragmatische

Lebensführung der Seefahrer und Kaufleute in Südasien und Fernost hat der vergeistigte und entsagungsvolle Weg Buddhas vermutlich nicht grundlegend beeinflusst. Insgesamt war die Verbreitung des Buddhismus weder auf ein besonderes Handelsnetz begrenzt, noch überschritt sie die Grenzen der Netzwerke, die durch buddhistische Bevölkerungen geprägt waren.

Christliche Missionare zur See

Die Verbindung zwischen dem Christentum und der Seefahrt ist so alt wie der christliche Glaube selbst. Bereits die Evangelien schildern als erste Anhänger Jesu die Fischer vom See Genezareth. Bedeutsam erscheinen sie für den neuen Glauben vor allem aufgrund ihrer sozialen und wirtschaftlichen Randstellung, denn insgesamt fand das Urchristentum seine Anhänger nicht in besonderer Weise unter den Seefahrern Palästinas. Auf der sinnbildlichen Ebene hat das Christentum durch die angeworbenen Fischer als Jünger, die symbolische Verwendung des Fischens und des Fisches (als Christussymbol) sowie anderer maritimer Bezugnahmen von Anfang an eine Verbindung zur Seefahrt. Hinzu kommt die faktische Bedeutung der maritimen Verkehrsnetze für den neuen Glauben. Die Missionsreisen des Heiligen Paulus im 1. Jahrhundert n. Chr. wurden durch die gut funktionierende Schifffahrt des Römischen Reiches erleichtert. In dessen Grenzen verbreitete sich das Christentum rasch und nahm unter hellenistischen und römischen Einflüssen seine Form als frühe Kirche an. Aber selbst der Apostel blieb von den Gefahren des Meeres nicht verschont: Auf der Reise zu seinem Prozess in Rom erlitt er vor der Küste Maltas Schiffbruch. Als sich das Christentum in dem im Westen niedergehenden Imperium etablierte – durch die Konversion des römischen Kaisers Konstantin (um 280–337 n. Chr., weströmischer Kaiser ab 312, des gesamten Reiches ab 324) gelangte es ins

Zentrum der Macht –, halfen die Verkehrsverbindungen auf dem Mittelmeer, die Einheit der verstreuten Gemeinden aufrechtzuerhalten. Die Hauptzentren der Christenheit jenseits der unmittelbaren Umgebung Palästinas und Syriens fanden sich bei Seehäfen wie Alexandria, Cyrene, Leptis Magna, Karthago, Massalia (das heutige Marseille) und Rom, zwischen denen der Seeverkehr eine alltägliche Sache war. Über Fragen der Lehre, ihr Verhältnis zur Obrigkeit sowie soziale und seelsorgerische Belange konnten die christlichen Gemeinden innerhalb des Reiches kreuz und quer miteinander kommunizieren; Briefe des Apostels Paulus unter anderem an die Gemeinden in Rom, Korinth und im kleinasiatischen Galatien finden sich bis heute im Neuen Testament. Bei seiner Ausbreitung über die Grenzen der römischen Welt hinaus griff das Christentum immer wieder auf diese maritime Prägung zurück. Zum Schutzheiligen für die See- und Kaufleute wurde Nikolaus von Myra, der im 4. Jahrhundert n. Chr. Bischof der lykischen Hafenstadt (im heutigen Südanatolien) war.

Die alten atlantischen Seerouten, die natürlich auch zu Raubzügen genutzt wurden, spielen eine wichtige Rolle für das Christentum in Britannien. So wurde der Überlieferung zufolge der Heilige Patrick (um 390–460) im Alter von 16 Jahren von irischen Piraten gefangen, nach Irland entführt und dort sechs Jahre lang als Sklave gehalten, bevor er seine Freiheit erlangte und, vermutlich auf einem Handelsschiff, an die Westküste Britanniens heimkehrte. Um 435 ging er als Bischof nach Irland zurück und erwarb sich einen Namen als Bekehrer der «Heiden» der nördlichen Regionen. In dieser Beziehung knüpfte er an die Arbeit des Heiligen Palladius (363–431) an, der als Abgesandter Papst Coelestins I. (gest. 432, Herrschaft ab 422) die Missionierung der südlichen Teile der Insel begonnen hatte und dann nach Schottland weiter gesegelt war. Die Legenden und Geschichten, die sich um das Leben des Heiligen Illtyd, Abt des Klosters in

Llanilltydd Fawr (Llantwit Major) in Glamorgan (Wales), aus dem 5. Jahrhundert ranken, erwähnen eine Seereise des tatkräftigen Mannes, der mit einigen voll beladenen Handelsschiffen Getreide in die Bretagne brachte, wo eine Hungersnot herrschte. Die Bekehrung der «Heiden» rückte vom Ende des 6. Jahrhunderts an stark in den Vordergrund. Papst Gregor der Große (540-604, Herrschaft ab 590) entsandte im Jahre 596 mit entsprechendem Auftrag den Heiligen Augustinus von Canterbury (gest. 604) nach Kent. Die größten Erfolge in der Bekehrung der Angelsachsen und Franken erreichte jedoch die keltische Kirche Irlands. Die relative Isolation Irlands am Rande des Atlantik hatte seinen christlichen Gemeinschaften starken Zusammenhalt gegeben. Unter der Führung außergewöhnlicher Männer wie des Heiligen Columban des Älteren (um 521-597) und des Jüngeren (um 543-615) überquerten die Iren das Meer nach Schottland, Wales und Frankreich. Von Klöstern wie Iona, Lindisfarne, Caldy Island und Luxeuil gelang es ihnen nach und nach, die Mehrheit des englischen und des fränkischen Königreichs im 7. Jahrhundert zu bekehren. Südengland wurde auch von Missionaren der römischen Kirche Galliens bereist.

Die Verbindungen zwischen Britannien und dem europäischen Festland erlaubten wiederum Engländern, eine führende Rolle im aufsteigenden Reich der Franken zu spielen. So christianisierten die Heiligen Willibrord (658-739) und Bonifatius (680-754) – zumindest formell – die Friesen, deren Reich von Brügge bis an die Weser, schließlich bis ins heutige Nordfriesland reichte und die im Jahr 785 von Karl dem Großen unterworfen wurden. Die Friesen hatten bereits unter römischer Herrschaft die Nordsee befahren und waren im Frankenreich der einzige Stamm, der überseeischen Handel und Seefahrt betrieb. Bonifatius hatte als päpstlicher Legat den ersten Frankenkönig, Pippin, gesalbt und legte die Grundlagen einer zentralisierten, an Rom und Thron orientierten Kirche auf deutschem Boden. Alkuin (735–804) wurde – neben anderen von Karl dem Großen berufenen «Hofgelehrten» aus England, Irland, Spanien, der Lombardei und Italien – zum Initiator der Karolingischen Renaissance.

Ein weiteres Beispiel für die Bedeutung der Seehandelsnetze bei der Verbreitung des Christentums bietet die Missionierung Skandinaviens. Karls Sohn und Nachfolger Ludwig der Fromme (778–840) beauftragte im Jahr 826 einen Mönch, die Dänen zu christianisieren. Der Heilige Ansgar (801–865) errichtete die erste Kirche des Nordens in Haithabu (bei Schleswig), dem Grenzort zum Königreich Dänemark und damaligen Handelszentrum der Nord-Ostsee-Region. Am Ende der Schlei, einer der Ostseeförden, gelegen, trennten den Ort nur wenige Kilometer von kleinen schiffbaren Flüssen, die in die Nordsee führten. Güter und auch ganze Schiffe wurden im Verkehr zwischen den beiden Meeren über die kurze Strecke an Land transportiert. Diese Route kreuzte in Haithabu die alte nord-südliche Handelsstraße zwischen Dänen und Friesen. In dem regen Hafenort trafen Friesen, Dänen, Schweden und Slawen aufeinander; archäologische Funde belegen nicht nur den Handel mit dem Rheinland und den späteren Niederlanden sowie mit England, Schweden und Russland, sondern auch mit dem Orient. Die Mission Ansgars traf jedoch jenseits der dänischen Grenze auf starken Widerstand. Als König Harald vertrieben wurde, wandte Ansgar sich mit größerem Erfolg der Missionierung Schwedens zu.

Im Jahr 831 erhob der fränkische Kaiser ihn zum Oberhirten der Abtei Corvey und des neu gegründeten Bistums Hamburg. Ansgar holte sich dazu die Weihe des Papstes, der ihn als päpstlichen Legaten für die Christianisierung der Skandinavier und Slawen zum «Apostel des Nordens» ernannte. Von Hamburg aus bereiste der Missionarsbischof Dänemark und Schweden, deren Könige Harald Klak und

Björn sich dem Christentum gegenüber aufgeschlossen zeigten. Ansgar konzentrierte seine Bemühungen auf die florierenden Handelszentren an der Küste wie Birka in Schweden sowie Hedeby und Ribe in Dänemark, wo die vergleichsweise weltoffenen Kaufmannsgemeinschaften für den neuen Glauben empfänglicher waren. Die dort errichteten Kirchen wurden zum Grundstein der späteren Verbreitung des Christentums. Zu Ansgars Zeiten war die Region ein Pulverfass. Die Expansion der Wikinger hatte bereits begonnen und einer ihrer Überfälle zerstörte 845 den Bischofssitz Hamburg, der nun nach Bremen verlegt wurde. Bei der Bevölkerung stieß die monotheistische christliche Botschaft voller Bilder und Begriffe aus dem Orient auf wenig Resonanz, was im Übrigen auch von den offiziell christianisierten Friesen behauptet wird. Eine Etablierung der institutionalisierten Kirche, die ihren Einfluss langfristig sichern konnte, war an die Unterstützung der skandinavischen Könige gebunden, die sich aber sowohl in ihrer Haltung als auch in der Stabilität ihrer Macht als schwankend erwiesen.

Ein anderer Gesichtspunkt des Seeverkehrs spielte eine bedeutende Rolle bei den rüden Christianisierungsversuchen des norwegischen Königs Olaf I. Trygvesson (964–1000, Herrschaft ab 995). Nicht zufrieden damit, seine Bekehrung zum Christentum als Vorbild zu setzen, um die eigenen Leute für die neue Lehre zu gewinnen, schickte der Herrscher gegen Ende des 10. Jahrhunderts wiederholt Missionare nach Island, um das autonome Inselvolk für den christlichen Glauben zu gewinnen. Als deren letzter, ein ziemlich kämpferischer flämischer Priester namens Thangbrandr, ohne allzu großen Erfolg nach Norwegen zurückkehrte, nahm König Olaf kurzerhand einige angesehene Isländer in Geiselhaft und drohte, sie zu töten, wenn das Christentum nicht auf der Insel angenommen werde. Die Isländer waren zwar Einwohner eines freien Landes, das die Autorität eines fremden Königs nicht anerkannte, aber auf eine ernsthafte Auseinandersetzung mit ihrem Haupthandelspartner konnten sie es nicht ankommen lassen. Wie erwähnt, waren sie von den regelmäßigen Lieferungen der norwegischen Schiffe sehr weit gehend abhängig. Innerhalb weniger Jahre bekannte sich nicht nur die Mehrheit der bedeutenden Familien zum Christentum, es wurden auch offiziell die «heidnischen» Riten verboten.

In Süd- und Südostasien sorgten vor allem die Nestorianer für eine Verbreitung des christlichen Glaubens. Die Anhänger des Nestorius, dessen theologische Auslegung auf dem Konzil von Ephesus 431 von der offiziellen Lehre ausgeschlossen wurde, bildeten in Persien Glaubensgemeinschaften und wirkten von dort bis China. Die muslimische Obrigkeit unternahm bis zu den Kreuzzügen, als Intoleranz ein Problem auf beiden Seiten wurde, wenig, um die Verbreitung des Christentums zu behindern. Zur Verbreitung ihrer Religion hat zweifellos der Anteil nestorianischer Christen unter den seefahrenden Kaufleuten des Indischen Ozeans beigetragen. So war die legendäre Kirche des Heiligen Thomas in Indien mit ihren Hochburgen an der Westküste in Wirklichkeit ein Ableger der nestorianischen Gemeinschaft, der es sogar gelang, sich im China der T'ang-Dynastie (618–907) zu etablieren, wohin ihre Anhänger über die zentralasiatischen Handelsstraßen von Persien aus gelangt waren. Obwohl in der Region im 7. und 8. Jahrhundert christliche Kirchen errichtet wurden, führte die ablehnende Haltung der buddhistischen Bevölkerung und das staatliche Verbot aller «ausländischen» Religionen in der Mitte des 9. Jahrhunderts schließlich zum Erlöschen christlicher Aktivitäten im Reich der Mitte.

In das von Mongolen beherrschte China entsandten die Päpste des 13. und 14. Jahrhunderts Missionare, weil sie hofften, die Mongolen bekehren und für ihre Allianz gegen den Islam gewinnen zu können.

Einer dieser Missionare, ein Franziskaner mit dem Namen Giovanni di Monte Corvino (1247-1328) folgte 1297 der alten Seehandelsstraße von Hormus nach Osten und kam 1299 am Hof des neuen Khans Timur an. Corvino und sein Gefolge wurden freundlich aufgenommen, und seine Anfangserfolge führten dazu, dass er 1307 zum Bischof von Peking (Khanbalijk) ernannt wurde. Die päpstlichen Annalen unter Klemens V. (gest. 1314, Herrschaft ab 1305) verzeichnen seinen Auftrag, «für alle Seelen in jenen Gebieten, die dem Herrn der Tartaren untertan sind, Sorge zu tragen». Er hat offensichtlich um die 6 000 Mongolen bekehrt und eine Kathedrale in Peking bauen lassen sowie eine zweite in Changchou, dem damals größten Hafen des Reiches, von dem auch Marco Polo und Ibn Battuta berichten. Doch Corvinos Bistum überdauerte seinen Tod ebenso wenig wie seine Gemeinden den Zusammenbruch der mongolischen Macht im Jahr 1368. Die späteren jesuitischen Missionare in China wussten noch nicht einmal, dass sie franziskanische Vorgänger gehabt hatten. Die langfristige Folgenlosigkeit der ersten, mittelalterlichen Missionierung ist vermutlich nicht zuletzt dem Fehlen einer direkten Seeverbindung zwischen China und der Christenheit zuzuschreiben. Ohne die Unterstützung eines christlich geprägten Seehandelsnetzes, das regelmäßige Kontakte mit anderen Christen ermöglichte, waren die kleinen Gemeinden im mongolischen China vollauf damit beschäftigt, sich selbst zu erhalten.

Als die Jesuiten unter der Führung von Francis Xavier und Matteo Ricci im 16. Jahrhundert begannen, ihre fernöstliche Mission zu errichten, war die europäische Macht bis in den Fernen Osten vorgedrungen. St. Francisco de Jassu y Xavier (1506-1552) war einer der sechs Priester, die die Gesellschaft Jesu 1534 unter der Leitung von Ignatius von Loyola (1491-1556) gegründet hatten. Francis Xavier wurde mit der Christianisierung im Fernen Osten 1541 betraut, zu einer Zeit, als der portugiesische und spanische Handel und die Niederlassungen innerhalb der Region Fuß fassten. Er legte die erste Etappe seiner Reise von Lissabon nach Goa auf einem Schiff gemeinsam mit dem portugiesischen Gouverneur von Mozambique zurück und konnte sich von dort aus ziemlich frei an den Küsten Süd- und Südostasiens bewegen. Nach einigen Jahren der Arbeit im südlichen Indien, auf Ceylon, den Molukken und in Japan bestieg er ein Schiff nach China, aber er verstarb auf einer Insel vor der chinesischen Küste, während er auf die offizielle Erlaubnis wartete, nach China einreisen zu dürfen. Die erfolgreiche Mission seines Nachfolgers Matteo Ricci (1552–1610) wurde im vorigen Kapitel kurz gestreift. Sein Ansatz der Achtung, ja Übernahme der vorgefundenen Kultur hebt sich auf beeindruckende Weise ab von der Regel autoritärer und häufig gewaltsamer Christianisierungsversuche. Dem sprachkundigen Gelehrten gelang es 1553, bei Kwangtung nach China hineinzukommen und sich über Nanking 1601 nach Peking zu begeben und sich dort bis zu seinem Lebensende niederzulassen. Er traf zu einer Zeit ein, als die Beziehungen zwischen den Behörden der Ming-Dynastie und den Portugiesen zwar gespannt waren, nach einigen Jahrzehnten intensiver Handelsbeziehungen aber eine gewisse Offenheit für einen achtsamen kulturellen Austausch bestand. Jenseits der Grenzen des chinesischen Kaiserreichs waren portugiesische wie spanische Kolonien und Missionen schnell und leicht erreichbar. Wie nicht anders zu erwarten, blieb das Christentum in China eine Minderheitenreligion, immerhin zählte diese Minderheit aber gegen Ende des 18. Jahrhunderts rund eine Viertelmillion Gläubige.

Islam

Der Prophet Mohammed, um 570 in Mekka geboren, führte als junger Mann die Karawanen für ein Fernhandelshaus, das von Arabien aus mit Syrien und Ägypten handelte. Auf seinen Reisen nahm er Kontakt mit den monotheistischen Glaubensgemeinschaften seiner Zeit auf, mit Juden und Christen, vor allem aber mit den Hannifen, die einen eigenen, dritten Weg suchten. Nach einer überwältigenden Berufungserfahrung in seinem vierzigsten Lebensjahr begann er seine Lehre von dem einen einzigen Gott, der in allem wirkt, und von einem auf ihn ausgerichteten sittenstrengen Lebenswandel zu verkünden, die später im Koran festgehalten wurde. Als sich eine starke Anhängerschar bildete, wurde die Gruppe aus Mekka vertrieben, dessen Bürger ihren Wohlstand den regen Pilgerfahrten zum heiligen Stein der Kaaba verdankten, der zu dieser Zeit im Zentrum der polytheistischen Kulte Arabiens stand. Der Prophet zog mit seinen Anhängern nach Medina und baute als geistiger Führer, Gesetzgeber und Staatsmann ein umfassendes religiöses und soziales Gemeinwesen auf, das als Urbild der islamischen Gesellschaften gilt. Deshalb beginnt die islamische Zeitrechnung mit dem Auszug nach Medina im Jahr 622. Unter der Führung Mohammeds eroberten die Muslime Westarabien und Oman und gewannen so die Kontrolle über die wichtigeren Häfen des Roten Meers, des Golfs von Aden und der Straße von Hormus. Zum wichtigsten Ziel aber wurde die

Eroberung der heiligen Stadt Mekka, die zehn Jahre nach der Vertreibung gelang. Unmittelbar darauf und unerwartet starb der Religionsgründer.

Bereits die unmittelbar auf Mohammed folgenden Kalifen Abu Bekr, Omar und Othman festigten innerhalb von nur drei Jahrzehnten die muslimische Herrschaft auf der arabischen Halbinsel und dehnten ihr Gebiet auf beide Seiten des Persischen Golfes und Teile des südöstlichen Mittelmeerraums aus. Sie eroberten Syrien und Palästina sowie den größten Teil des Persischen und beträchtliche Teile des Byzantinischen Reiches. Die Grundlage für das theokratische Weltreich unter den nachfolgenden Kalifen-Dynastien der Omaijaden (661–750) und der Abbasiden (750–1258) war damit gelegt.

Eine der Ironien des außergewöhnlichen Wachstums des Islam besteht darin, dass gerade die Kaufleute Mekkas, die den Propheten vertrieben hatten, von diesem Aufstieg enorm profitierten. Als sie seine Lehre schließlich akzeptierten, ebnete Mohammed den Weg, Mekka zu einer der größten Pilgerstädte der Welt werden zu lassen. Über das Meer anreisende Pilgerscharen strömten in den Jahrhunderten nach Mohammeds Offenbarung in immer steigenden Zahlen und aus immer größeren Entfernungen in die Stadt. Jedes Jahr machten sich die Pilger zu Zehntausenden auf den «Hadsch» und diese Massenwanderung, so voraussagbar wie die Monsunwinde, trieb die kommerzielle und kulturelle Bedeutung von Mekka und Medina in ungeahnte Höhen. Bis heute ist der «Hadsch» ein höchst bedeutender Wirtschaftsfaktor in Saudi Arabien, obwohl viele Pilger mit dem Flugzeug aus der globalen Welt des Islam anreisen.

Von seinem gewaltigen Reich aus verbreitete sich der Islam über Eroberungen und durch Bildung weiterer Sultanate, aber auch durch Handelskontakte. Muslimische Kaufleute und Seefahrer dominierten den Seehandel des Arabischen und des Roten Meers sowie den größten Teil des Indischen Ozeans. Sie stießen nach Osten in den Süden Chinas und bis an die Ränder des Pazifischen Ozeans vor. Im Westen breitete sich der Islam bis an die Atlantikküste der Iberischen Halbinsel und Afrikas aus und reichte im Osten bis zu den Molukken und den Philippinen. Die Expansion entlang der ostafrikanischen Küste setzte im 8. Jahrhundert ein und bis 1050 waren es wesentlich muslimische Kaufleute, die die Produkte des afrikanischen Hinterlandes nach Arabien, ans Rote Meer und nach Indien exportierten – zum Schaden des christlichen afrikanischen Königreiches Aksum und seiner Hafenstadt Adulis. Die Ausbreitung des Islam entlang der afrikanischen Küste ging in ähnlicher Geschwindigkeit voran wie in der Inselwelt Südostasiens. Durch die Islamisierung wurden die beiden Regionen einander auch wirtschaftlich näher gebracht. Häfen wie Malindi und Mombasa entwickelten sich zu städtischen Zentren mit Steinmoscheen. Sie wurden von Kaufmannsdynastien beherrscht, die zum Teil aus dem Mittleren Osten und Indien, überwiegend jedoch aus Afrika stammten und Kaurimuscheln, Elfenbein, Sklaven und vom 13. Jahrhundert an Gold exportierten. Regelmäßige Handelsbeziehungen gab es auch mit einigen Agrarstaaten im Inneren wie dem Gebiet des späteren Simbabwe, von wo das Gold in den Hafen von Sofala an der mosambikischen Küste gebracht wurde. Insgesamt war aber der muslimische Einfluss dort gering. Das unwegsame Terrain und die häufig auftretenden Krankheiten schreckten die Küstensiedler davon ab, sich im Landesinneren festzusetzen.

In vielen Fällen begann die Bekehrung zum Islam mit der Gründung von kleinen Gemeinden muslimischer Händler. Die Seefahrer aus dem Nahen Osten ließen sich in den pulsierenden, weltoffenen Häfen an der Westküste Indiens, der Ostküste Afrikas, auf der Malaiischen Halbinsel und den Inseln Sumatra, Borneo und Java nieder. Sie heirateten in die örtliche Bevölkerung ein und erlangten in der Führung ihrer Geschäfte beträchtliche Unabhängigkeit. Es war vermutlich seine Fähigkeit, alle Gruppen der Gesellschaft anzuziehen, die es dem Islam ermöglichte, in diesen Gemeinschaften Wurzeln zu schlagen, in denen der Zustrom von Reichtum aus dem Seehandel zu einer Lockerung der traditionellen hierarchischen Ordnung geführt hatte.

Nach und nach drang die muslimische Lebensweise auch ins Hinterland vor, doch sowohl in Ostafrika als auch in Südostasien bedeutete das Fehlen weltoffener Handelsgemeinschaften im Inneren auch, dass dort weniger Potential für die Verbreitung des Islam vorhanden war. Um das Handelszentrum der Malaiischen Halbinsel, Malakka, bildete sich ein eigenes Sultanat, unter dessen Schirmherrschaft die Konversion zum Islam in der Region zunahm. Eine neue, für die Belange der Handelsgemeinden passendere politische und soziale Ordnung begann, die traditionellen Hierarchien und Kulturen der Inseln Südostasiens abzulösen. Durch die Islamisierung ließen sich die Inseln auch leicht in die islamischen Handelsnetze des Nahen Ostens und Südasiens integrieren. Gegen Ende des 15. Jahrhunderts war Malakka einer der großen Handelshäfen der Welt.

Die islamischen Herrscher förderten die Landwirtschaft, die Manufakturen und den Handel im gesamten Kalifenreich (Dar al-Islam). Politische und wirtschaftliche Stabilität beflügelten den Handel, sodass muslimische wie nicht-muslimische Kaufleute zu Wohlstand gelangten. Christentum und Judentum genossen als Religionen, die sich ebenfalls auf eine niedergeschriebene Offenbarung gründeten, über lange Zeit einen Sonderstatus im Einflussbereich des Islam. Und so gab es zahlreiche jüdische Gemeinden überall in der muslimischen Welt. Dank der 1896 von Solomon entdeckten rund 90 000 Schriftstücke, die in der Synagoge von Kairo verwahrt wurden, sind wir recht gut über die Situation der Juden in Ägypten und anderswo im 11. und

12. Jahrhundert informiert. Der spektakuläre Fund gewährt uns einen Einblick in die Welt der Seehandelskaufleute im Herzen eines florierenden Handelsnetzwerkes, das sich von Westeuropa bis nach Indien erstreckte.

Auch wenn die politische Dimension der Verbreitung des Islam nicht zu unterschätzen ist, da das Dar al-Islam sich im Wesentlichen durch den militärischen Erfolg der Armeen des Kalifenreichs vergrößerte, waren die territorialen Grenzen der muslimischen Macht doch immer noch enger als die ökonomischen und religiösen Einflusssphären des Islam. So brachte die Eroberung von Sind im 8. Jahrhundert zum Beispiel das Indusdelta unter muslimische Kontrolle, doch erst im 11. Jahrhundert begann unter der Wucht der türkischen Invasionen die nördliche Hälfte des Indischen Subkontinents unter die Herrschaft einer Reihe türkischer und afghanischer Sultanate zu fallen. Selbst auf der Höhe seiner Macht im 14. Jahrhundert gelang es dem Sultanat in Delhi nur unregelmäßig, die Steuern und Tribute der südlichen Provinzen einzutreiben. Für die islamische Welt blieb die politische Einheit ebenso ein unerfüllter Traum wie für die christliche. Als das Großreich der Kalifen unter dem Ansturm der Mongolen auseinander bricht, kommt es unter einer Verschiebung nach Südosteuropa noch einmal zu einem bemerkenswerten islamischen Machtzentrum: dem Reich der Osmanen (1300–1661). Unabhängig davon blüht das Reich der indischen Großmogule (1556–1707).

Die Missionierung
Süd- und Mittelamerikas

Inwieweit der religiöse Aspekt bereits bei der Entdeckung Amerikas eine Rolle spielte, ist schwer einzuschätzen. Bei der überseeischen Kolonisierung des 15. und 16. Jahrhunderts hatte der Auftrag der spanischen Krone, die eingeborene Bevölkerung zum Christentum zu bekehren, zumindest offiziell, höchste Priorität. In der Praxis waren, wie wir gesehen haben, ganz andere Begehrlichkeiten am Werk, die wenig mit christlichen Werten zu tun hatten. Trotzdem ist nicht zu bezweifeln, dass viele Konquistadoren in dem festen Glauben handelten, sie täten Gottes Werk und es sei seine Macht, die ihnen, oft gegen scheinbar unüberwindbare Widrigkeiten, den Erfolg bescherte.

Für die Spanier, denen die Verteidigung des Glaubens auf der iberischen Halbinsel geradezu in die Wiege gelegt war, bedeutete der Sieg über die Azteken und Inka sicher einen Fortschritt in der Bekämpfung des «Heidentums». Cortés zerstörte bei seiner ersten Landung in Yucatán die «heidnischen» Götterbilder und errichtete an ihrer Stelle einen Altar, um die Messe feiern zu können. Als Montezuma ihm Zutritt zu dem Tempel des Kriegsgottes Huitzilopochtli gewährte, verlangte er, dass im Inneren ein christlicher Altar eingerichtet und auf die oberste Plattform der großen Stufenpyramide ein Bild der Jungfrau Maria gestellt werde. Pizarro bestand in seinem ersten Gespräch mit dem Inka-Gouverneur der Stadt Tumbes 1528 darauf, dass er und seine kleine Expedition gekommen seien, um das Volk der Inka zu überzeugen, von der Verehrung der falschen Götter abzulassen und Christen zu werden. Als Pizarro und sein Gefolge 1532 schließlich den großen Inka Atahualpa in Cuzco trafen und dieser die ihm aufgedrängte Bibel auf den Boden warf, metzelten die Spanier den begleitenden Hofstaat nieder und setzten den «Ketzer» gefangen.

Die offizielle Anweisung der Kirche schrieb vor, erste Zurückweisungen mit Freundlichkeit hinzunehmen, aber gerade der Priester, der Pizarros Expedition begleitete, Frater Vicente Valverde, wird in den meisten Berichten als derjenige genannt, der die spanischen Soldaten zum Massaker aufhetzte. Forcierte Streitigkeiten über religiöse Fragen haben die Aufnahme konstruktiver Beziehungen zwischen den ersten Spaniern und den vorgefundenen Völkern von Anfang an vereitelt. Ob eine Verständigung aber jemals beabsichtigt war und ob religiöse Motive mit der fieberhaften Suche nach den sagenumwobenen Schätzen ernsthaft konkurrieren konnten, sei dahingestellt.

Spätere Expeditionen wie die von Francisco de Orellana und Alvar Nunez Cabeza de Vaca (beide in der ersten Hälfte des 16. Jahrhunderts) zeichneten sich durch ein stärkeres Bestreben aus, zunächst die einheimische Kultur und die religiösen Gebräuche zu verstehen und erst dann die vermeintliche Überlegenheit der christlichen Lehre zu beweisen. Der generelle Tenor im Umgang der ersten Spanier und Portugiesen mit den eingeborenen Völkern Zentral- und Südamerikas war von Intoleranz und Tyrannei geprägt. Als in der Mitte des 16. Jahrhunderts wirkliche Missionare anfingen, die Konquistadoren einzuholen, war der Schaden kaum zu beheben. Die frommen Männer hatten mehr damit zu tun, die Körper der einheimischen Bevölkerungen vor ihren europäischen Herren zu bewahren, als ihre Seelen vor den «heidnischen» Sitten.

Andererseits kommt es im aufgezwungenen Herrschaftsbereich

der Kirche Südamerikas zum Phänomen des Überlebens eingeborener Bräuche unter dem Deckmantel katholischer Riten. Der spezifische Katholizismus der Indios ist dafür bis heute ein Beispiel. Unter dem Gesichtspunkt des maritimen Austauschs besonders interessant erscheinen aber die afroamerikanischen Religionen, welche die verschleppten Sklaven fern der Heimat aus verschiedenen Stammestraditionen entwickelten. Zum Zentrum des Voodoo wurde Haiti, zum Zentrum des Candomblé das brasilianische Bahia, das deshalb auch als «schwarzes Rom» bezeichnet wird. Die verschiedenen Gottheiten der Stammesreligionen des afrikanischen Kontinents führte man in einem neu geordneten Pantheon zusammen, religiöse Riten wie Opfergaben und das Erzeugen von Trance behielt man bei. Die Gottheiten wurden je nach ihrer Eigenart und ihrem Zuständigkeitsbereich bestimmten im Katholizismus verehrten Heiligen zugeordnet, sodass die Teilnahme an der Messe zugleich dem Praktizieren der eigenen Religion dienen konnte. Bis heute spielt der Candomblé unter der farbigen Bevölkerung Brasiliens eine zentrale Rolle.

Die Besiedlung Nordamerikas

Das Vordringen der europäischen Seefahrernationen nach Nordamerika verlief unkoordiniert, in unterschiedlichen Schüben und teilweise in Konkurrenz zueinander. Die Spanier erkundeten in der Mitte des 16. Jahrhunderts die Küste von Mexiko und gründeten 1565 als erste ständige europäische Siedlung auf dem nordamerikanischen Festland St. Augustine im heutigen Florida. Im Schlepptau einiger solcher Schiffsexpeditionen drangen wagemutige Entdecker einige Tagesreisen ins Landesinnere vor. Spanische Schiffe waren Anfang des 17. Jahrhunderts bis zur Küste von Alaska vorgedrungen. Diese Mobilität zur See erleichterte es den Europäern, Niederlassungen in den Küstengebieten zu gründen. Im 17. und 18. Jahrhundert wurden ganze Ketten von Missionsstationen in Neu Mexiko, Texas und entlang der pazifischen Küste nördlich der Bucht von Kalifornien errichtet. Ihr allmähliches Vordringen ins Innere des Westens, das noch immer durch die spanischen Namen von Staaten wie Montana und Nevada bezeugt ist, legte das Fundament, auf dem spätere Generationen von Siedlern aufbauten. Die Kolonisation und landwirtschaftliche Nutzung wurden von Missionierungsmaßnahmen begleitet. Die päpstliche Zuweisung des größten Teils der Neuen Welt zum spanischen Herrschaftsgebiet enthielt die unausgesprochene Erwartung, das (katholische) Christentum unter der eingeborenen Bevölkerung zu verbreiten. Aufgrund ihrer hoch entwickelten Stammeskultur waren die nordamerikanischen Indianer allerdings in der Lage, dem Eindringen der Spanier mit einer starken und gut koordinierten Gegenwehr zu begegnen. Unliebsame Konkurrenz bekamen die Spanier von den Franzosen und Briten, die während des 17. und 18. Jahrhunderts ihre Interessen in Nordamerika immer machtvoller durchsetzten.

Französische Seeleute waren in der ersten Hälfte des 17. Jahrhunderts an den Küsten des Atlantik und in der Karibik aktiv. Angespornt von den religiösen und politischen Konflikten in Westeuropa wurden sie gefürchtet und drohten zu Rivalen ihrer iberischen Nachbarn zu werden, zum einen aufgrund ihrer Freibeuterei, bei der sie in großer Zahl die von Brasilien und Mexiko zurückkehrenden Schiffe aufbrachten, zum anderen wegen der Überfälle auf Küstensiedlungen, deren berühmtester der Angriff auf Havanna im Jahre 1555 war, an dem sich die königliche französische Marine beteiligte. Ein Friedensvertrag zwischen Frankreich und Spanien stellte 1559 entscheidende Weichen für die Zukunft des Kontinents: Er erkannte die spanische Kontrolle von Zentral- und Südamerika an, ließ aber die Frage der europäischen Ansprüche in den nördlichen Territorien offen.

Von 1562 an wurden in Frankreich erbitterte Religionskriege mit großer Grausamkeit geführt, bis das Edikt von Nantes 1598 einen politischen Rahmen für das Zusammenleben der Katholiken mit der protestantischen Minderheit schuf. Gerade in den französischen Häfen des Ärmelkanals und der Atlantikküste verfügten die kalvinistischen Hugenotten über viele Anhänger und die Hafenstädte Dieppe, St. Malo, St. Nazaire und La Rochelle blickten auf eine lange Tradition zurück, in der sie mit Freunden wie Feinden der französischen Monarchie Handel getrieben hatten. Die Prosperität dieser Hafenstädte und die seemännischen Fähigkeiten ihrer Bewohner gingen Hand in Hand mit einem starken Gefühl der Unabhängigkeit von der

Autorität der katholischen Könige in Paris. Piraterie und Freibeuterei avancierten im 16. Jahrhundert - auch für die hauptsächlich katholischen Bretonen - zu einem wesentlichen Faktor der Küstenwirtschaft. Vor diesem Hintergrund kam es seit den 20er Jahren des 17. Jahrhunderts zu erneuten Ausbrüchen von Feindseligkeit, vor allem 1685, als König Ludwig XIV. das Edikt von Nantes widerrief und damit viele Protestanten zwang, ins Ausland zu fliehen. Die bitteren Erfahrungen der religiösen Konflikte in Frankreich haben zweifellos eine bedeutende Rolle in den frühen Versuchen der Hugenotten gespielt, überseeische Besitzungen zu besiedeln. Sie setzten große Hoffnungen in die Errichtung von Kolonien, die den reformierten Christen eine Zufluchtsstätte bieten, für die hart bedrängte protestantische Sache im Mutterland Handelsgewinne abwerfen und gleichzeitig als Stützpunkt für den Angriff auf katholische Interessen in der Neuen Welt dienen sollten.

Der protestantische Anführer Gaspard de Coligny (1519-1572) unterstützte tatkräftig das ehrgeizige Projekt des Chevallier de Villegaignon, eine gemischte katholisch-protestantische Siedlung auf einer der kleinen Inseln in der Bucht von Rio de Janeiro zu gründen. Nach fünf Jahren voller Auseinandersetzungen und eines harten Überlebenskampfes unter den ungewohnten Bedingungen wurden die Siedler 1560 von portugiesischen Kriegsschiffen vertrieben. Weitere Versuche an den nördlichen Küsten Brasiliens folgten, doch nur einer von ihnen, nämlich das 1604 gegründete Cayenne, überstand die portugiesischen Verdrängungskampagnen. Coligny stand auch hinter Jean Ribauts (1520-1565) Versuch von 1604, das heutige Florida zu kolonisieren. Dieses Gebiet war ein idealer Stützpunkt für Angriffe auf spanische Silberkonvois, wenn diese auf der Überfahrt nach Spanien den Golf von Mexiko verließen. Zunächst versuchten Ribaut und seine zusammengewürfelte Schar von Soldaten, Frauen und Kindern, in Port Royal im heutigen South Carolina eine Niederlassung zu errichten. Dem Fehlschlagen des Projekts folgte im Jahre 1564 eine kleine Kolonie in Port Caroline an der Nordostküste des heutigen Florida, doch die Spanier intervenierten sehr schnell und eliminierten die potentielle Bedrohung für ihre amerikanischen Gewinne.

Ein alternatives Modell, durch Handelsgesellschaften einen Teil des lukrativen Geschäfts zwischen Europa, den Westindischen Inseln und Südamerika abzuschöpfen, wurde von den Kalvinisten der Normandie und auch Katholiken der Bretagne mit einigem Erfolg begonnen, doch die Konkurrenz der Holländer und ständige Streitigkeiten untereinander ließen sie nicht zu einer ernsthaften Konkurrenz werden. Zentral- und Südamerika sollten fast ausschließlich unter spanischer und portugiesischer Herrschaft besiedelt und ausgebeutet werden.

Im Norden verlief die Geschichte jedoch anders. Die folgenlose Episode der Wikingerexpeditionen an die nordöstlichen Ränder Amerikas wurde bereits angesprochen. Die Indianer in diesen Gebieten verfügten über entwickelte Stammesstrukturen, und gegen Ende des 16. Jahrhunderts hatten sie das Gebiet zwar nicht dicht, aber ziemlich umfassend besiedelt. Es gab praktisch keine Küste im Bereich der späteren Vereinigten Staaten und Kanadas, an der europäische Seefahrer bei ihrer Landung nicht in Kontakt mit der einheimischen Bevölkerung kamen. Da es keine großen territorialen Reiche in dieser Region gab, konnten die englischen, französischen und holländischen Siedler, die im 16. Jahrhundert nach Nordamerika segelten, nicht einfach das Vorgehen der Spanier in Zentral- und Südamerika kopieren. Außerdem behandelten die nordamerikanischen Indianer die Europäer mit weit größerer Vorsicht. Zwar eröffnete beispielsweise die lange bestehende Rivalität zwischen den Irokesen und den Huronen, die das Land südlich und nördlich des Sankt-Lorenz-

Stroms bevölkerten, den Europäern einige Gelegenheiten, Märkte für ihre Waffen und Verbündete für ihre eigenen kriegerischen Konflikte zu finden. Doch sie führte auch dazu, dass weder die Engländer noch die Franzosen einen leichten Zugang in das Herz des nordamerikanischen Kontinents fanden.

Französische und englische Fischer fuhren seit der ersten Hälfte des 16. Jahrhunderts an die Große Bank von Neufundland und in den Sankt-Lorenz-Golf, um Wale, Walrösser und den im Überfluss vorhandenen Kabeljau zu fangen. Mit der eingeborenen Bevölkerung trieben sie Handel im Tausch gegen Felle und Häute, besonders von Bibern und Ottern. Es war jedoch nicht der Wunsch, den natürlichen Reichtum des Meeres und der Flüsse zu nutzen, sondern die Suche nach der sagenumwobenen Nordwestpassage zum Reichtum Asiens, der Engländer und Spanier veranlasste, See-Expeditionen in diese Region zu schicken. Sie legten im Jahre 1520 Karten von den Umrissen der amerikanischen Küste an, doch fanden sie keine deutliche Passage in den Osten. John Cabot (1450–1499) hatte zwar bereits 1497 Neufundland für die englische Krone beansprucht, bedeutende Niederlassungen an der südlicher gelegenen Atlantikküste wurden aber erst in den 20er Jahren des 17. Jahrhunderts gegründet.

Die französische Expansion auf kanadischem Gebiet ging bis ins 17. Jahrhundert langsam voran. Jacques Cartier (1491–1557), ein erfahrener Seefahrer aus St. Malo, führte im staatlichen Auftrag einige Expeditionen in den 30er und 40er Jahren des 16. Jahrhunderts nach Neufundland und in den Sankt-Lorenz-Strom. Unter der Führung von Eingeborenen entdeckte er die große Huronensiedlung bei Hochelaga (Montreal). Cartier sollte Kolonien mit einem großen Anteil an Sträflingen errichten und trotz seines hugenottischen Glaubens sicherstellen, dass die Kirchen, die er baute, katholisch waren. Er erreichte jedoch wenig Dauerhaftes, und die Religionskriege im Heimatland lenkten seine Aufmerksamkeit von dieser Region ab. Im Jahre 1603 beobachtete ein anderer französischer Atlantikfahrer, der zum katholischen Glauben konvertierte Samuel de Champlain (1567–1635), dass die Algonkin-Indianer und die Huronen mit anderen Völkern Handel trieben, die im Landesinneren an großen Flüssen und Seen lebten. Champlain war für die Gründung der Handelsstation bei Quebec verantwortlich, und er trug wesentlich dazu bei, Kardinal Richelieu zu einer mit den anderen europäischen Mächten konkurrierenden Kolonialpolitik zu bewegen. 1627 wurde eine königliche Handelskompanie für «Neufrankreich» gegründet. Der Organisation wurde ein weites territoriales Betätigungsfeld zugeteilt, und sie erhielt den Auftrag, einige Tausend französische katholische Familien auf Land anzusiedeln, das vorher für den Ackerbau gerodet werden sollte. Protestanten war die Beteiligung an diesen Kolonisationen untersagt.

In Frankreich wie in Rom schlug die Begeisterung hoch für das Projekt, die unzähligen indianischen Seelen zum wahren Glauben zu bekehren. Die Herausforderung, die nordamerikanischen Massen zum Katholizismus zu führen, wurde vor allem von den Jesuiten ergriffen, deren portugiesische und spanische Ordensbrüder eine breite Palette an Missionsmethoden, vom guten Zureden bis zur Gewaltanwendung, entwickelt hatten. Das Papsttum des 17. Jahrhunderts war jedoch im Prinzip ein Gegner sowohl der gewaltsamen Bekehrungen als auch der Versklavung nichtchristlicher Völker. Die zuständige vatikanische Behörde, die Kongregation für die Verbreitung des Glaubens, wurde 1622 geschaffen und ihre erste Amtshandlung war die Verkündung von zwei grundlegenden Richtlinien für die christliche Missionsarbeit: Ausbildung eingeborener Priester und Respekt vor den Bräuchen der Eingeborenen, die keineswegs sofort geändert werden sollten.

Die jesuitischen Missionare machten große Anstrengungen, die Völker Nordamerikas zu verstehen und mit ihnen zurechtzukommen, doch die Aussichten auf Erfolg standen nicht besonders gut, da es in der christlichen Botschaft kaum etwas gab, das für die kanadischen Indianerstämme attraktiv war. Sie betrieben Vielweiberei, hatten ihre eigene Moral und traditionelle Regeln, in denen sie streng zwischen dem Umgang untereinander und dem mit Fremden unterschieden. Ihre Auffassung der spirituellen Welt war mit dem Christentum unvereinbar. Außerdem lebten die kanadischen Indianer nicht in großen, ständig bewohnten Dörfern oder Städten, sodass es schwierig war, sie in Kirchen zu versammeln. Einige Missionare der Jesuiten wurden zu Märtyrern, besonders unter den Irokesen, deren Konflikt mit den Franzosen und den Huronen, den französischen Hauptverbündeten, zunehmend kriegerische Ausmaße angenommen hatte durch die Einführung europäischer Waffen und die immer schärfere Konkurrenz im profitablen Pelzhandel.

Als der englische Einfluss sich im Gebiet des Sankt-Lorenz-Stroms im 17. Jahrhundert vergrößerte, wendeten die Franzosen ihr Hauptinteresse auf das riesige Territorium am Mississippi, das sie Louisiana nannten. Die englische Hudson Bay Kompanie, die 1670 gegründet wurde, um die Nordwestpassage zu suchen und das Gebiet um die Bucht einzunehmen, entwickelte sich zu einem bedeutenden Rivalen im Fellhandel. Im 18. Jahrhundert führten die britischen und französischen Kriegsflotten weltweit Krieg, und es war unvermeidlich, dass die Einwohner Neufrankreichs und ihre huronischen Verbündeten in ihn verwickelt wurden. Die militärischen Erfolge der Briten führten zu vertraglichen Zugeständnissen und einem rapiden Rückgang des französischen Einflusses in Nordamerika. Letzten Endes exportierten die christlichen Europäer neben Waffen, Alkohol und tödlichen Krankheiten, von denen im nächsten Kapitel die Rede sein wird, vor allem ihre eigenen religiösen und politischen Streitigkeiten über den Atlantik.

Das englische Auftreten in Nordamerika war wesentlich vom Konkurrenzdenken geprägt, sowohl gegenüber den Franzosen als auch, vor allem in der zweiten Hälfte des 16. Jahrhunderts, gegenüber Spaniern und Portugiesen. Die Leidenschaft für die protestantische Sache zog ihre Kraft nicht zuletzt aus den Erfahrungen mit einer katholischen Monarchin, Maria I. (1516–1558, Herrschaft ab 1553), deren gewaltsame Unterdrückung des Protestantismus durch ihren spanischen Prinzgemahl angestachelt wurde und ihr den Beinamen «Bloody Mary» einbrachte. Eher weltliche Leidenschaften entfachte der Neid auf den Reichtum, den die katholischen Monarchen aus ihren Überseekolonien zogen. Zunehmend gewannen die Engländer in dieser Zeit auch das Vertrauen, dass ihre Schifffahrt die Leistungen ihrer europäischen Rivalen sogar überbieten konnte. Um ein berühmtes Beispiel zu nehmen: Die 1577 begonnene Weltumseglung Francis Drakes war im Wesentlichen darauf gerichtet, die Machtstellung der Portugiesen und Spanier in Südamerika zu untergraben, Kontakte mit der eingeborenen Bevölkerung aufzunehmen, soweit man wusste, dass sie sich weiteren spanischen Eroberungen widersetzte, und mögliche Orte für Stützpunkte und Kolonien auszukundschaften. Drakes kleine Flotte wurde von der Krone selbst sowie von Adligen finanziert, die sich materiellen Profit wie politischen und diplomatischen Erfolg versprachen. Drake verschaffte sich auf den Kapverdischen Inseln gewaltsam einen portugiesischen Lotsen, arbeitete sich um die Südküste von Südamerika vor und wendete sich nach Norden. Er griff Küstensiedlungen wie Valparaiso an und brachte sogar ein Schatzschiff auf, das nach Panama unterwegs war. Bei seiner Landung an der kalifornischen Küste beanspruchte er kurzerhand das Land als «Neualbion» für die englische Krone. Dann überquerte er, wieder unter der unfreiwilligen Leitung durch iberische Navigatoren, den Pazifik und steuerte auf Manila zu. Im Jahr 1579 schloss er einen Handelsvertrag mit dem Herrscher der Gewürzinsel Ternate, bevor er über das Kap der Guten Hoffnung nach Hause zurückkehrte. Drakes Weltumseglung war weit stärker als die Magellans geprägt von Gewalt und Gewinnsucht. Sie vermittelte einen Vorgeschmack auf den Kurs des überseeischen Imperialismus, den die Engländer in den nächsten beiden Jahrhunderten strikt halten sollten. Ein erster englischer Versuch, Siedlungen in Nordamerika zu gründen, wurde zwischen 1585 und 1590 auf der Insel Roanoke im späteren North Carolina unternommen. Die später unter dem englischen König Jakob I. (1566–1625, Herrschaft ab 1603) gegründeten Ansiedlungen erwiesen sich als erfolgreicher, da sie von neu geschaffenen, mit königlichem Siegel versehenen Gesellschaften zur Förderung von Siedlungen in Virginia und der Bucht von Plymouth unterstützt wurden. Schon in den 30er Jahren des 17. Jahrhunderts gab es einige tausend Siedler in Virginia, die hauptsächlich Tabak für den Export nach England anbauten.

Die englischen Kolonien in Nordamerika, die den Kern der Vereinigten Staaten bilden sollten, wiesen beinah von Anbeginn eine starke religiöse Prägung auf. Viele der ersten Siedler waren so genannte Puritaner. Deren Kampagne, der englischen Staatskirche ein strenges kalvinistisches Ethos aufzuzwingen, hatte sich gegen Ende des 16. Jahrhunderts als nicht durchführbar erwiesen. Viele von ihnen gingen daraufhin in die Niederlande, aber die Aussicht, eine gottgefällige, unabhängige religiöse Gemeinschaft in der Neuen Welt schaffen zu können, ließ sie im Norden des Gebietes, das von der Virginia Kompanie kontrolliert wurde, Siedlungen gründen. Die berühmteste Gruppe waren die «Pilgerväter», deren Schiff, die *Mayflower*, im November 1620 vom englischen Plymouth aus in See stach. Im Dezember gründeten sie eine Siedlung im «Neuen England» an der amerikanischen «Bucht von Plymouth». Es war ein mutiges Unternehmen und sie hatten Glück, die Reise zu überleben, sicher zu landen und die einheimische Bevölkerung zu Freunden zu gewinnen.

Weitere Kolonien wurden gegründet; ihre Zahl vergrößerte sich durch die zunehmende Zahl auswanderungswilliger Puritaner, sodass sich bis 1640 schon 20 000 Siedler meist in der Bucht von Massachusetts niedergelassen hatten. Dort wurden während der politischen und religiösen Umwälzungen in den frühen 40er Jahren des 17. Jahrhunderts die Vereinigten Kolonien ins Leben gerufen. Die frommen Protestanten waren sowohl Missionare als auch Flüchtlinge. Sie bekehrten Tausende von eingeborenen Stammesmitgliedern in der Gegend und machten sich daran, die Heilige Schrift in die einheimischen Sprachen zu übersetzen. Ihre Methoden waren jedoch wie die ihrer katholischen Gegenspieler im Norden und Süden keineswegs ausschließlich friedlich und in der Anfangsphase kam es zu blutigen Zusammenstößen, die in Massakern an der eingeborenen Bevölkerung endeten. Neuengland wurde bald auch zum Anlaufpunkt anderer christlicher Fundamentalisten, deren Glaubenssätze im Gegensatz zur calvinistischen Lehre standen, und es entstanden Siedlungen von Quäkern, Baptisten sowie weiteren christlichen Sekten.

Der relativ einfache Transport auf dem Meer ließ die verschiedenen Gruppen von Kolonisten auch an der Küste nördlich und südlich von Cape Cod nach Orten für ihre Niederlassungen suchen. Im Jahr 1632 wurde eine Kolonie in der Chesapeake Bucht in Maryland unter der Schirmherrschaft von Cecilius Calvert, Lord von Baltimore, gegründet. Seine Absicht war, einen sicheren Hafen für die englischen Katholiken bereitzustellen, ohne jedoch die Protestanten zu benachteiligen, die fast die Hälfte der Siedler stellten. Dieses Experiment religiöser Eintracht in Übersee war jedoch von kurzer Dauer, da sich ein heftiger Konflikt zwischen der katholischen Mehrheit und einigen puritanischen Siedlern entwickelte. Im Jahre 1689 wurde Calvert abgesetzt, und die Katholiken verloren die Macht. In den 70er Jahren des 17. Jahrhunderts ließ sich eine große Zahl von Quäkern in den Gebieten von New Jersey nieder. Von dort aus erkundeten sie das Landesinnere, und 1681 sicherte sich der Quäkerführer William Penn durch seinen königlichen Gönner einen großen Landstrich, auf dem er das Recht hatte, unter englischer Oberhoheit eine freie Kolonie, das zukünftige Pennsylvania, zu errichten. Gegen Ende des 17. Jahrhunderts lebten um die 250 000 Einwohner in den britischen Kolonien und in der Mitte des 18. Jahrhunderts hatten die hohe Geburtenrate und die Ströme neuer Einwanderer die Zahl auf über zwei Millionen getrieben.

Obwohl die amerikanischen Kolonien politisch wie wirtschaftlich eng mit Britannien verflochten waren, stammten ihre Einwohner aus vielen Nationen und gehörten den unterschiedlichsten Religionsgemeinschaften an. Die holländischen und deutschen reformierten Kirchen stellten einen erheblichen Anteil der protestantischen Siedler, besonders als New York 1664 zu den englischen Besitzungen hinzukam. Im 18. Jahrhundert wanderte eine große Zahl deutscher Lutheraner ein, ebenso wie Presbyterianer aus Schottland und Nordirland. Die pietistischen und evangelikalen Glaubensgruppen fanden im Amerika des 18. Jahrhunderts große Resonanz, und im überhitzten Klima der konkurrierenden religiösen Ideen wurde der Vergleich der verschiedenen Gemeinschaften und ihrer Prediger zum Alltagsgespräch. So überrascht es nicht, dass religiöse Toleranz, Meinungsfreiheit und das Recht der einzelnen Gemeinden, über ihre eigenen Belange selbstständig zu entscheiden, zu einem Grundpfeiler der amerikanischen Politik geworden sind.

Die Erhöhung der Geschwindigkeit und der Kapazität von Seeschiffen und die Vernetzung des Überseehandels in eine globale Wirtschaft im 19. und 20. Jahrhundert hat die Masseneinwanderung aus vielen Teilen der Welt erleichtert. Als Land der Freiheit – und der unbegrenzten Möglichkeiten – avancierten die Vereinigten Staaten zum Ziel der Sehnsucht für Millionen auswanderungswilliger beziehungsweise zur Emigration gezwungener Europäer. Gründe waren nun neben der Religion auch politische Überzeugungen, vor allem aber Überbevölkerung, wirtschaftliche Umwälzungen im Gefolge der Industrialisierung sowie Kriege und die Verfolgung ganzer Völker und Volksgruppen. Mit der Entwicklung der Dampfschifffahrt wurden zwischen den Kontinenten regelmäßige Verkehrslinien eingerichtet. In Konkurrenz zu anderen europäischen Häfen spielten bald Hamburg, vor allem aber Bremen eine führende Rolle im Passagierverkehr. Im Schatten der nationalen Auseinandersetzung hatten die unabhängigen Hansestädte die Gelegenheit ergriffen, Häfen in aller Welt anzufahren. Der dabei errungene gute Ruf wirkte auf die Fortführung der Geschäfte auch nach, als das spät gegründete Deutsche Reich in den Wettbewerb der Nationalstaaten eintrat und sich um militärische Seegeltung und koloniale Macht bemühte.

V

Ernährung und Gesundheit

Die Nutzung der Monsunwinde, um Güter über den Indischen Ozean zu transportieren, führte, wie bereits erwähnt, zu einem regen Handelsverkehr mit Gewürzen aus China, Süd- und Südostasien bis nach Arabien, Ostafrika, den Nahen Osten und den Mittelmeerraum. In der römischen Küche spielten seit ungefähr dem ersten Jahrhundert n. Chr. orientalische Gewürze zunehmend eine Rolle. Das berühmte Kochbuch des Marcus Gavius Apicius, eine Kompilation aus dem 4. oder 5. Jahrhundert, die vermutlich auf einer Rezeptesammlung des 1. Jahrhunderts beruht, verlangt den ausgiebigen Gebrauch von importierten Gewürzen, besonders von Pfeffer. Die luxuriösen Rezepte des Apicius standen sicher nicht auf dem Speiseplan der einfachen Bürger, aber sie geben einen Hinweis, was die Köche der reichen Oberschicht auf den Marktplätzen erstehen konnten. Waren exotische Zutaten wie Pfeffer einmal als notwendiger Bestandteil einer verfeinerten Lebensweise etabliert, wurde die Nachfrage nach ihnen konstant. Die wachsende Bedeutung der Gewürze zur Konservierung wie zur Verfeinerung des Geschmacks von Nahrungsmitteln stellte sicher, dass die Gewürzhändler einen festen Markt für ihre Waren fanden. Die Steigerung der Haltbarkeit erleichterte den Transport über weite Strecken, verbesserte die Möglichkeiten der Vorratshaltung und erhöhte letztlich den Nährwert vieler Speisen.

Die Auswirkungen der Seefahrt auf Ernährungsgewohnheiten ebenso wie auf die Ausbreitung von Krankheiten haben sich weit gehend entlang der bestehenden Handelsnetze vollzogen, die Menschen und Güter über die Meere bewegten. Von den wirtschaftlichen wie politischen Entwicklungen, die der Seeverkehr angeregt, beschleunigt oder verbreitet hat, waren die Zivilisationen der Welt immer auch auf der grundlegenden Ebene von Nahrung und Gesundheit betroffen.

Fisch

Der Beginn des Fischfangs reicht eine beträchtliche Zeitspanne hinter die Entstehung der menschlichen Zivilisationen zurück. Er setzte aber vermutlich erst nach den Zeiten der Neandertaler (100 000–30 000 v. Chr.) ein. Das folgern Erforscher der Vorgeschichte aus der Tatsache, dass Gerätschaften, die für das Fischen geeignet waren, bei ihnen nicht gefunden wurden und dass die Skelette der Neandertaler einen Mangel an Vitamin D aufweisen. Der Vitaminmangel tritt bei den Vorfahren des Menschen, die in südlicheren Breiten hausten, nicht auf, weil hier das Vitamin durch die längere Sonnenbestrahlung aufgebaut wird. Die Neandertaler hätten ihn durch den Verzehr von Fisch ausgleichen können, haben das aber offensichtlich nicht getan. Aus späteren vorgeschichtlichen Kulturen dagegen gibt es eine Fülle archäologischer Funde von Werkzeugen, die entweder zum Fischfang geeignet scheinen oder sogar aus Fischbein hergestellt sind. Auf der Suche nach Fisch haben sich die Menschen beziehungsweise ihre unmittelbaren Vorläufer vermutlich soweit ins Wasser vorgewagt, wie man waten konnte. Von hier bis zur Entwicklung der Seefahrt war es dann nur noch ein Schritt. Alle historischen Gesellschaften, die Zugang zum Meer hatten, haben nach Nahrung gefischt. Fisch war aber nur selten das Hauptnahrungsmittel, er stellte allerdings eine wichtige Ergänzung für die auf dem Land erzeugte und gejagte Nahrung dar.

Wie die anderen Aspekte der Seefahrt erlebte auch der westeuropäische Fischfang an der Schwelle zum 16. Jahrhundert eine erhebliche Ausweitung im Umfang und in der Intensität. Sie führte in der Folgezeit zur Entstehung einer globalen Fischindustrie. Die Besiedlung Nordamerikas durch Briten, Franzosen und andere Europäer zog eine spektakuläre Vergrößerung der Fischereiflotten nach sich, die, wie wir gesehen haben, in den fischreichen Gewässern vor den Küsten Neufundlands, Neuenglands und Maines auf Fang gingen. Gegen Ende des 16. Jahrhunderts tummelten sich Hunderte von Schiffen in dem Kabeljau- und Walfangparadies. Ein beträchtlicher Anteil der Ausbeute kam auf die Teller der französischen, spanischen und portugiesischen Katholiken, die sich – aufgrund der Ernährungsvorschriften der Gegenreformation – daran gewöhnt hatten, freitags Fisch zu essen. Verbesserte Methoden des Trocknens und Salzens sowie des Transports ermöglichten den Verkauf des reichen Fischsegens überall in Westeuropa. Gejagt wurden auch in größerem Umfang Wale, wegen ihres Fleisches, ihrer Knochen und ihres Trans, der für kurze Zeit im 19. Jahrhundert zum gängigen Brennstoff der Lampenindustrie wurde. Wie so viele Bereiche der Seefahrt im 19. Jahrhundert wurde auch der Walfang und die an ihn anschließende Verarbeitungsindustrie von den Briten dominiert, daneben spielten die Skandinavier und Amerikaner eine wichtige Rolle. Für viele Seefahrernationen waren Walfang und Fischfang gegen Ende des 19. Jahrhunderts zu bedeutenden Industriezweigen geworden.

Der rasante technische Fortschritt in der Schifffahrt brachte im 20. Jahrhundert tiefgreifende Veränderungen. Große, von Dampfmaschinen oder Dieselmotoren angetriebene und mit Kühlaggregaten ausgestattete Schiffe erlaubten es den Fischern, sich weit von den Häfen zu entfernen, länger auf See zu bleiben und umfangreichere Fangmengen zu verarbeiten. Sonargeräte und andere hoch entwickelte

Aufspürmethoden haben das Fischen zu einer Hightech-Industrie werden lassen. Größere, «effizientere» Netze, die von einem oder mehreren Schiffen in Tiefen bis zu dreihundert Metern geschleppt werden, können so viele Fische fangen, dass der Druck auf Regierungen und internationale Organisationen zunimmt, bestimmte Verfahren zu verbieten, um die Fischbestände zu schützen.

Die Erhöhung der Fangmengen seit 1900 war gekoppelt an eine stetig wachsende Nachfrage. In Großbritannien wurde diese Nachfrage angeheizt durch die «Fish and chips»-Buden, die heute als fester Bestandteil der nationalen Kultur gelten. Selbst in weit entfernt vom Meer gelegenen Gegenden konnte Fisch jetzt regelmäßig konsumiert werden. Weniger offensichtlich, doch höchst bedeutsam war die zunehmende Verwendung von Fischmehl als Düngemittel und Tierfutter. Die wachsende Nachfrage auf diesem Sektor war beispielsweise ein entscheidender Faktor für die Überfischung der Herings- und Makrelenbestände im Atlantik, sie gefährdet mittlerweile auch kleinere Fischarten wie die Sardellen und sogar den Krill. Das Bewusstsein der Gefahr des Überfischens ist in den letzten 25 Jahren gewachsen und hat dazu geführt, dass Fischfangzonen, Beschränkungen für die Fanggeräte, Fangquoten und Fanglizenzen erlassen wurden, was wiederum viele Fischer dazu gebracht hat, ihr Gewerbe aufzugeben. In Fragen des Zugangs zu den Fischgründen und des Artenschutzes gerieten verschiedene nationale Interessen immer wieder hart aneinander. In den 70er Jahren des 20. Jahrhunderts eskalierte die Spannung zwischen Island und Großbritannien im so genannten Kabeljaukrieg, bei dem die beiden Flotten gegeneinander vorgingen, um ihre Fischrechte zu schützen.

Durch den Roman *Moby Dick* von Herman Melville, der die Geschichte eines neuenglischen Walfangschiffs und seines fanatischen Kapitäns erzählt, erhielt der Walfang ein mehr oder minder romantisches Image. In jüngster Zeit ist immer mehr die Tragödie der gejagten Tiere ins Bewusstsein getreten. Als die nordatlantischen Fanggründe überfischt waren, wichen im frühen 20. Jahrhundert eine Reihe von Walfängern in den Pazifik und den Südatlantik aus und machten für kurze Zeit die entlegene Insel Südgeorgien zu einem Walfangzentrum. Letztlich führte der Gegensatz zwischen fortschreitend effizienterer Technologie und zunehmender Beschränkung der Bestände sowie der Fangrechte zum Niedergang der Walfangindustrie. Es war unmöglich geworden, die Wale in einer rentablen Größenordnung zu fangen. In den nördlichen Gewässern wurde der Finnwal bis zur Ausrottung gejagt, im Pazifik der Pottwal drastisch verringert. Überall auf der Welt ist der Wal zum Symbol für die Notwendigkeit geworden, die Meeresumwelt zu bewahren. Seit den frühen 90er Jahren des 20. Jahrhunderts unterhält allein Japan weiterhin eine bedeutende Walfangindustrie, allerdings in der Hauptsache, um die heimische Nachfrage nach Walfleisch zu befriedigen.

Reis

Reis wurde zuerst in Südostasien zu einer Kulturpflanze gemacht. Von dort verbreitete sich sein Anbau in vorgeschichtlicher Zeit in nordöstlicher und nordwestlicher Richtung. Mit seinen verschiedenen Sorten wurde Reis das Hauptanbaugetreide in Indien und China, deren dörfliche Kleinbauerngemeinschaften die Grundlage der frühen Zivilisationen in Asien bildeten. Die chinesische Bevölkerung konnte, vor allem nach dem gewaltigen Zuwachs zwischen dem 9. und 12. Jahrhundert, nur aufgrund von Verbesserungen im Reisanbau ernährt werden. Diese waren zum einen technischer Art wie die Weiterentwicklung von Bewässerungsanlagen und Anbaugeräten oder das Verfahren, systematisch Stecklinge zu pflanzen. Doch es gab auch biologische Verbesserungen, vor allem die Übernahme der früh reifenden Reisarten aus dem Reich der Cham (2.–17. Jahrhundert) an der Küste des heutigen Vietnam. Sie wurden im 11. Jahrhundert in die chinesischen Küstengebiete importiert und unter der Sung-Dynastie in die übrigen Reisanbaugebiete verteilt. Sie erlaubten den Reisbauern, eine zweite Ernte, die Wintersaat, anzubauen und auf diese Weise ihre Überschüsse deutlich zu erhöhen.

Reis ist hervorragend als Frachtgut geeignet, da er nicht so schnell verdirbt wie andere Nahrungsmittel. Dass er einige Jahre gelagert werden kann, bietet die Möglichkeit, schlechte Ernten auszugleichen und bei begrenzten Hungersnöten die betroffenen Gegenden mit

Nahrung zu versorgen. In der Region des Indischen Ozeans wurde Reis aber beileibe nicht nur als Grundnahrungsmittel gehandelt. Kaufleute konnten beträchtliche Gewinne erzielen, wenn sie Reisarten aus Bengalen nach Ceylon und den Malediven oder Reis aus Madagaskar auf das Festland von Afrika verschifften. Der Reishandel zwischen Südostasien und China im Südchinesischen Meer war vom 18. bis ins frühe 20. Jahrhundert ein großes und höchst profitables Geschäft. Er lag gänzlich in den Händen chinesischer und thailändischer Kaufleute, die alle Versuche der Europäer, in den Markt einzudringen, abwehren konnten. Aber Reis war nur eines der Nahrungsmittel, die das industrialisierte Westeuropa im 19. Jahrhundert in großen Mengen aus der Region des Indischen Ozeans einzuführen begann, um seine wachsende städtische Bevölkerung zu ernähren. Die Verbreitung von Reis als überall verfügbarem Agrarprodukt ist charakteristisch für das explosionsartige Wachstum des Überseehandels während der letzten Jahrhunderte. Seit Ende des 19. Jahrhunderts wird Reis in großem Maßstab in Nordamerika angebaut und stellt dort einen bedeutenden Teil der landwirtschaftlichen Produktion.

Kartoffeln

Eine ganze Reihe von Grundnahrungsmitteln wurde im 16. Jahrhundert aus der Neuen Welt nach Europa eingeführt. Dazu zählen Mais, Maniok, einige Arten von Süßkartoffeln und Yamswurzeln – sowie die Kartoffel, die vor allem zur Ernährung der ärmeren Bevölkerungsschichten Nordeuropas beigetragen hat. Als die Spanier in die Reiche der Azteken und Inka einfielen, fanden sie dort eine hochentwickelte Agrikultur mit weit über hundert kultivierten Nutzpflanzen vor, die selber Ergebnis der ausgedehnten Handels- und Austauschbeziehungen im präkolumbischen Amerika waren. Archäologische Funde geben Hinweise darauf, dass Kürbissorten und Kartoffeln bereits im 7. Jahrtausend v. Chr. in der Region angebaut wurden. Das Grundnahrungsmittel der heimischen Bevölkerung der Hochtäler Kolumbiens und Ekuadors entdeckten die Spanier in den späten 30er Jahren des 16. Jahrhunderts. Als Reiseproviant spanischer Seeleute kamen die Kartoffeln, die man aufgrund ihrer Ähnlichkeit mit der raren Delikatesse als Trüffeln bezeichnete, Mitte des 16. Jahrhunderts erstmals in die Alte Welt, wo sie zunächst unter Adligen und Gebildeten als Heilpflanzen vereinzelt Verwendung fanden. Bereits in den 70er Jahren des Jahrhunderts gab es in Sevilla, dem Hauptumschlagplatz für den Kolonialhandel, die ersten Kartoffeläcker. Von dort verbreitete sich die später als «Sättigungsbeilage» berühmte Knolle nach und nach in Europa.

Vorbild für andere Länder wurde der intensive Anbau in Irland. Regnerisches Klima und karge Böden, die für Getreide ungünstig waren, ließen die anspruchslose Feldfrucht bereits im 17. Jahrhundert zum Hauptnahrungsmittel der Landbevölkerung werden. Über England und die Niederlande kam der Kartoffelanbau in der zweiten Hälfte des Jahrhunderts nach Deutschland, vor allem in Gegenden mit schlechten Bodenverhältnissen wie dem Vogtland, der Kurpfalz und Oberfranken. Bekannt ist, dass sich Friedrich der Große (1712–1786, Herrschaft ab 1740), als aufgeklärter Monarch, für den Anbau der neuen Feldfrucht in Preußen stark machte und sogar persönlich die Felder besuchte. Weniger bekannt ist, dass sich die Kartoffel erst gegen Ende seiner Regentschaft durchsetzte. Zunächst trat dem neuen Nahrungsmittel trotz der staatlichen Protegierung heftiger Widerstand entgegen: Der Anbau fügte sich nicht in die traditionelle Dreifelderwirtschaft; die Zubereitung musste gelernt werden und in die Essensgewohnheiten der einfachen Leute Eingang finden. Schließlich löste die exotische Frucht aus der Familie der Nachtschattengewächse Ängste hinsichtlich ihrer Wirkung auf den Menschen aus. Erst die Hungersnöte der 70er Jahre des 18. Jahrhunderts brachten den Durchbruch. Als zwischen 1846 und 1849 in ganz Europa eine Kartoffelkrankheit, die Krautfäule, die Ernten vernichtete, waren bereits weite Landstriche in ihrer Ernährung von der aus Südamerika eingeführten Frucht abhängig. Besonders hart traf es Irland, das insgesamt ein Viertel seiner Bevölkerung verlor. Die anhaltende Hungersnot nach mehreren ausbleibenden Ernten und die ihr folgenden Cholera- und Typhusepidemien forderten rund eine Million Todesopfer – und trieben mehr als eine Million Iren zur Auswanderung.

Wie bei anderen Nahrungsmitteln auch hat die Mechanisierung und chemische Aufrüstung sowie die Züchtung neuer Sorten den

Kartoffelanbau zu einer hoch effizienten Industrie werden lassen. Bei steigender Produktivität sank jedoch mit dem steigenden Wohlstand nach dem Zweiten Weltkrieg der Pro-Kopf-Verbrauch in klassischen Kartoffelländern wie Deutschland. Heute landet in der Bundesrepublik nur noch die Hälfte der geernteten Kartoffeln in den Kochtöpfen. Die andere Hälfte wird zu Trockenfutter verarbeitet oder dient als Stärkelieferant beispielsweise bei der Herstellung von Verpackungsmaterial wie Wellpappe.

Zucker, Sklaven und Plantagen

Natürliche Vorkommen von *saccharum officinarum* gab es ursprünglich in Neuguinea und Indonesien, aber vermutlich wurde Zuckerrohr in Südostasien bereits im 7. Jahrtausend v. Chr. als Kulturpflanze angebaut. Bis zum 5. Jahrtausend v. Chr. fand es seinen Weg nach Indien. Als das Heer Alexanders des Großen im Jahr 327 v. Chr. das Industal erreichte, staunte es über die Reichhaltigkeit der gesüßten Speisen und Getränke; Zucker wurde unter anderem mit Milch, Gerste, Reis und Ingwer verwendet. Die früheste Beschreibung der Zuckergewinnung stammt aus einer hinduistischen Schrift vom Ende des 5. Jahrhunderts n. Chr.: In einer Analogie nimmt der heilige Text Bezug auf die Art, wie man den Saft des Zuckerrohrs kocht, bis ein Sirup entsteht, den man zu Bällchen rollen kann.

Obwohl Zuckerrohr in der Region des Indischen Ozeans im 1. Jahrtausend verbreitet angebaut und viel verwendet wurde, hat der Zucker die europäischen Handelsmärkte nur in kleinen Mengen erreicht und galt lange Zeit als Luxus Arabiens und Indiens. Es waren die muslimischen Eroberungen des 8. und 9. Jahrhunderts, die für die Einführung des Zuckerrohranbaus in der Mittelmeerregion verantwortlich waren, vor allem in Nordafrika und auf den Inseln Zypern, Rhodos und Sizilien. Die traditionell gewachsene Sachkenntnis im Anbau, der eine sorgfältige Bewässerung erfordert, wurde von den Kalifaten gefördert und in eine kommerzielle und administrative

Infrastruktur integriert, die Zuckerrohranbau, Zuckerherstellung und Vertrieb abwickelte. Das Vordringen der Kreuzfahrer auf Gebiete, die jahrhundertelang in der Hand von Muslimen gewesen waren, verschaffte den christlichen Ländern wichtige Kenntnisse in der Zuckerherstellung. Die Fürsten und Könige des christlichen Orients wurden im 11. und 12. Jahrhundert gleichsam zu Aufsehern der Zuckerplantagen auf Zypern, Malta und in der Levante. Nun kamen die Europäer auf den Geschmack, und Venedig wurde zum wichtigsten Umschlagplatz für den Zuckerhandel in die europäischen Länder. Im 14. Jahrhundert scheint der Schwerpunkt der Zuckerproduktion sich vom östlichen ins westliche Mittelmeer verlagert zu haben.

Die frühen Zentren der portugiesischen Zuckerindustrie in Übersee waren Sao Tomé, die Kanaren – und Madeira, eine mit angenehmem Klima und fruchtbarem Boden gesegnete Insel, die im Rahmen der überseeischen Expansion unter Prinz Heinrich dem Seefahrer in den 20er Jahren des 15. Jahrhunderts von den Portugiesen kolonisiert wurde. In den ersten hundert Jahren wurden vor allem Weizen und Zucker angebaut. Beim Anbau wie bei der arbeitsintensiven Herstellung von Zucker für das restliche Europa setzte man Sklaven ein, die auf dem nahe gelegenen afrikanischen Kontinent leicht verfügbar waren. Durch den Erfolg Madeiras wurde die Zuckerindustrie des Mittelmeerraums erheblich geschwächt. Erst im letzten Teil des 16. Jahrhunderts zwang die Entstehung einer extensiveren Zuckerproduktion in den südamerikanischen Kolonien, vor allem in Brasilien, die Wirtschaft Madeiras, sich anderen Anbauprodukten zuzuwenden, beispielsweise pflanzlichen Färbemitteln wie Färberwaid. Der seit dem 17. Jahrhundert hergestellte Süßwein ist bis heute der bekannteste Exportartikel der Insel. Sao Tomé war während des 16. Jahrhunderts ein bedeutendes Zentrum der Zuckerproduktion. Als die Wirtschaft der Neuen Welt die portugiesischen Inseln überflügelte, schlossen sich viele ihrer Einwohner der Auswanderungswelle nach Brasilien an. Madeira und die weiter nördlich gelegenen Azoren, die ebenfalls im Rahmen von Prinz Heinrichs atlantischem Kolonisationsprogramm besiedelt worden waren, wurden zu Zwischenstationen auf dem Weg von der Iberischen Halbinsel nach Amerika und zurück.

Seit der Anbau von Zuckerrohr im 16. Jahrhundert durch europäische Siedler und Kolonisten in Südamerika und der Karibik verbreitet wurde, ist Zucker für Brasilien und die Westindischen Inseln ein wichtiger Exportfaktor geblieben. Die frühen europäischen Siedler verrichteten die «niederen» Arbeiten allerdings nicht selbst. Weder auf der Iberischen Halbinsel noch in anderen Teilen Europas waren die Menschen bereit, das Wagnis der Auswanderung auf sich zu nehmen, nur um auf den Plantagen der Neuen Welt unter harten Bedingungen Knochenarbeit zu leisten. Infolge des drastischen Rückgangs der einheimischen Bevölkerung, der bald nach der Ankunft der Europäer einsetzte, wurden große Mengen willfähriger Arbeitskräfte benötigt. Diese fand man in den Sklavenhäfen Westafrikas. Der Aufstieg des Zuckerhandels ist deshalb eng mit dem schmutzigsten Teil des Überseegeschäfts, dem Sklavenhandel, verknüpft. Auch in der Zuckerproduktion des Nahen Ostens und des Mittelmeerraums waren Sklaven seit langem verwendet worden, aber erst die enorme Expansion des Zuckerrohranbaus im Atlantik führte in großem Maßstab zur Entwicklung von Zuckerplantagen auf der Basis von Sklavenarbeit.

Die ersten regelmäßigen Schiffsladungen von Sklaven gingen um 1509 zu den von den Spaniern kontrollierten Goldminen auf Santo Domingo. Kurz darauf, im Jahr 1515, reisten ausgebildete Zuckerrohrpflanzer von den Kanarischen Inseln nach Santo Domingo ein. Bereits im folgenden Jahr fingen die spanischen Plantagen an, ihren

Zucker nach Europa zu exportieren, wurden aber bald von den portugiesischen Kolonien an den Küsten Zentral- und Südamerikas, vor allem Brasilien, überholt. Die Portugiesen dominierten auch die ersten Jahrzehnte des atlantischen Sklavenhandels, da ihre Kaufleute ein offizielles Monopol auf den Handel mit Westafrika hatten. Im 17. Jahrhundert verstärkte sich die britische, französische und holländische Präsenz auf beiden Seiten des Atlantik zusehends. Die Holländer eroberten 1637 den portugiesischen Stützpunkt Elmina an der Goldküste und griffen in dem Versuch, die portugiesische Position gewaltsam zu übernehmen, weltweit deren Handelsforts an. Ihre Aktivitäten in der Region des Indischen Ozeans wurden bereits erwähnt, im Folgenden geht es deshalb nur noch um den westlichen Teil der Kampagne.

Die niederländische Westindische Kompanie (*West-Indische Compagnie*, 1621–1794) wurde wie ihr Schwesterunternehmen im Orienthandel finanziert von Anteilseignern, doch ihr Vorstand setzte sich mehrheitlich aus Kalvinisten zusammen, die aus den südlichen Niederlanden geflohen und betont anti-katholisch eingestellt waren. Im Jahr 1630 nahmen die Holländer die portugiesische Kolonie Pernambuco (Recife) ein, den Haupthafen für den florierenden Zuckerhandel der Region. Sie importierten Tausende von Sklaven, die sie in den westafrikanischen Sklavenhäfen von den Portugiesen kauften. Allein 1644 erwarb die Westindische Kompanie fast 7000 Sklaven für den Export nach Amerika. Die holländische Verwaltung der Zuckerplantagen währte jedoch nicht lange. 1654 wurden die standfesten Kalvinisten trotz der Überlegenheit der holländischen Flotte von den katholischen Portugiesen und der kreolischen Bevölkerung vertrieben. Ungeachtet ihrer Niederlage in Brasilien und ihres Ausschlusses aus der Karibik als Bedingung des Westfälischen Friedens (1648) sicherten sich die tüchtigen und ehrgeizigen Kaufleute aus den Niederlanden ihren Marktanteil als Handelsspediteure für Zucker und andere Waren zwischen Europa, Afrika und der Neuen Welt.

Als die Engländer und Franzosen während des 17. Jahrhunderts in Zentral- und Nordamerika Fuß fassten, begannen sie auch in den wachsenden Zucker- und Sklavenhandel einzusteigen. Zwar war die erste britische Kolonie in Jamestown (Virginia), die 1607 gegründet wurde, für den Anbau von Zuckerrohr ebenso wenig geeignet wie die wasserarmen Bermudas. Als die Briten jedoch 1627 die Insel Barbados besiedelten, erwies sich diese als ideal für die Plantagenwirtschaft. Weitere britische Besitzungen an der afrikanischen Küste folgten und füllten die Truhen von Sklavenhändlern und kolonialen Plantagenbesitzern sowie – aufgrund der erhobenen Steuern und Abgaben – der englischen Krone. Das britische Empire setzte Einfuhrzölle fest, die Importe aus den Kolonien anderer Nationen abschreckten. Gegen Mitte des 17. Jahrhunderts hatte England Brasilien überholt und war der Hauptlieferant von Zucker nach Nordeuropa. Die Produktion wurde während des 17. und 18. Jahrhunderts stetig gesteigert, um die wachsende Nachfrage zu befriedigen. In Großbritannien stieg der Zuckerverbrauch zwischen 1700 und 1800 von schätzungsweise zwei auf 8,5 Kilogramm pro Person. England wie Frankreich gründeten entsprechende Handelsgesellschaften, die *Royal African Company* (1672) und die *Compagnie du Sénégal* (1673), als private Handelsunternehmen mit einem variierenden Grad staatlicher Unterstützung.

Die Zuckerplantagen waren nicht die einzigen Bestimmungsorte für Sklaven. Große «Abnehmer» der rechtlosen Arbeitskräfte waren neben anderen Zweigen der Plantagenwirtschaft auch die Diamanten- und Goldminen im Inneren Brasiliens sowie die städtischen Siedlungen, die sich in ihrem Umfeld entwickelten. Der Aufstieg der britischen Seemacht im 17. Jahrhundert wurde begleitet von einer starken Zunahme des Sklavenhandels zwischen Afrika und den Kolonien an der südöstlichen Küste Nordamerikas. Reis und Indigo wurden in diesen Gebieten ebenfalls von Sklaven angebaut, doch gegen Ende des 18. Jahrhunderts waren es die neuen Baumwollplantagen in Alabama, Louisiana und Mississippi, die den Marktführer Brasilien ablösen und eine nie da gewesene Nachfrage nach afrikanischen Sklaven in Gang setzen sollten.

Menschen wurden in dieser Zeit nicht nur über den Atlantik verschleppt. In den Regionen des Indischen Ozeans und des Mittelmeeres geht der Sklavenhandel weit in die Antike zurück, und in einigen Gegenden hielt er sich bis ins 20. Jahrhundert. Im 16. und 17. Jahrhundert standen in vielen Häfen des Mittelmeeres muslimische und christliche Sklaven zum Verkauf. Versucht man eine Bilanz zu ziehen, beziffert sich der Sklavenhandel der Alten Welt im Laufe mehrerer Jahrtausende auf viele Millionen Menschen. Den transatlantischen Sklavenhandel zeichnet vor allem sein rapides Wachstum und seine enorme Intensität aus. Hinter der Statistik der Menschenverschleppung über den Atlantik verbirgt sich ein nicht zu benennendes Elend, das die maritime Expansion über die ausgebeuteten Arbeitskräfte brachte. Es wird geschätzt, dass zwischen 1500 und 1700 fast 600 000 afrikanische Sklaven nach Brasilien, weitere 400 000 ins spanische Südamerika und weitere 450 000 in die nichtiberische Karibik «importiert» wurden. Die britischen Kolonien traten in dieser Periode kaum als bedeutender «Abnehmer» auf, doch zwischen 1701 und der offiziellen Beendigung des transatlantischen Sklavenhandels im Jahre 1808 wurde die erschreckende Zahl von sechs Millionen Menschen gewaltsam auf Sklavenschiffen über den Atlantik, und nun auch verstärkt nach Nordamerika, gebracht.

Die menschliche Arbeitskraft wurde dem afrikanischen Kontinent durch ein komplex verzweigtes System entzogen. Die europäischen Großhändler kauften die Sklaven in verhältnismäßig kleinen Gruppen bei einer Vielzahl afrikanischer Sklavenhändler. Deren «Ware» stammte wiederum aus den verschiedensten Quellen: Die aus ihren ursprünglichen Kontexten gerissenen Menschen waren Kriegs- oder Strafgefangene sowie Opfer von gezieltem Menschenraub. Die Sklaven wurden gesammelt und verbrachten zuweilen Monate auf «Lagerplätzen», ehe eine rentable «Fracht» zusammengestellt war und die berüchtigte Überfahrt über den Atlantik begann. Die mitunter mehrmonatige Reise bedeutete selbst für einen freien Seemann eine harte Zeit. Für die Sklaven, die im Zwischendeck der Schiffe eingepfercht und zur Vorbeugung gegen Meuterei zumeist angekettet vegetierten, wurde sie zum Überlebenskampf – selbst wenn für Nahrung, Belüftung und Schlafpritschen gesorgt war. Ruhr und Fieber forderten die meisten Menschenleben, bereits in den Sammellagern an Land, aber vor allem an Bord. Auch wenn die Sterberate den abgebrühten Geschäftsleuten hinnehmbar gewesen zu sein scheint – sie lag üblicherweise zwischen 4 und 12 Prozent –, sollte man bedenken, dass es sich bei der deutlichen Mehrheit der unfreiwilligen Passagiere um eigens ausgewählte junge und gesunde Männer handelte. Erst dann lässt sich die Tortur der Überfahrt vielleicht erahnen.

Die oben skizzierten Etappen des Sklavengeschäfts waren eingebunden in das so genannte transatlantische Handelsdreieck. Von Europa, vor allem aus England und Frankreich, wurden Manufakturwaren, insbesondere Textilien, zum Verkauf nach Afrika exportiert. In Afrika nahm man Sklaven zum Verkauf in den amerikanischen Kolonien an Bord. Und aus der Neuen Welt wurden verschiedene Handelswaren zurück nach Europa und in Teile von Afrika und Asien verschifft: der aus Zuckerrohrsirup hergestellte Rum, Kaffee, Baumwolle. Die Schiffsbauer und Kapitäne, die Kaufleute und Finanziers machten große Gewinne in diesem Handel. Als jedoch die Befürworter des freien Handels die Schutzzölle aufhoben, die den Plantagenbesitzern den Absatz garantiert hatten, wurde das Geschäft wesentlich riskanter. So gab es im frühen 19. Jahrhundert, als die Regierungen Großbritanniens und der Vereinigten Staaten unter Druck gerieten, dem Sklavenhandel ein Ende zu machen, bereits eine Tendenz zur Abkehr von der Sklavenarbeit. Es dauerte jedoch noch geraume Zeit bis zur offiziellen Befreiung der Sklaven, die in den britischen Kolonien im Jahr 1838 und in den französischen 1848 verkündet wurde. Die Vereinigten Staaten folgten erst 1865 nach einem Bürgerkrieg. Brasilien, Kuba und Puerto Rico brauchten sogar noch länger zur Abschaffung des Sklaverei. Die formale Überführung der ausgebeuteten Arbeitskräfte in Lohnverhältnisse war ein historischer Schritt. Er sollte jedoch nicht darüber hinwegtäuschen, dass die Arbeitsbedingungen für die Menschen dadurch nicht unbedingt besser wurden.

Kolonialwaren

Neben dem Zucker und Grundnahrungsmitteln wie Kartoffeln und Reis wurde eine Vielzahl überseeischer Genussmittel, Gewürze und exotischer Früchte zum hoch geschätzten Bestandteil der Ernährung in den Industrienationen. Tabak war das erste landwirtschaftliche Produkt in Nordamerika, das hauptsächlich von Sklaven angebaut wurde. Als immens erfolgreich erwiesen sich die heißen Getränke aus Übersee. Von den Azteken brachte Kolumbus «Xocoatl» mit, einen bitteren Sud aus der Kakaobohne, dem erst die Kombination mit dem ebenfalls kolonialen Zucker zum Durchbruch als Kakao und Schokolade verhalf. Kaffee war nach dem 13. Jahrhundert aus der äthiopischen Provinz Kafa in die islamische Welt gekommen, wo er schnell zum beliebten Getränk wurde. Bereits im 15. Jahrhundert sind arabische Kaffeeplantagen, vor allem im Jemen, nachweisbar. Wie Tee und Kakao begann auch der Kaffee seinen Siegeszug in Europa im 16. Jahrhundert, zunächst in adligen, dann in gehobenen bürgerlichen Kreisen. Durch intensiven Anbau in den überseeischen Besitzungen wurden die so genannten Kolonialwaren nach und nach auch für die breite Bevölkerung zugänglich. Die Kaffeeproduktion, zunächst auf Java, seit dem 17. Jahrhundert in Südamerika, stieg rapide und in den 30er Jahren des 18. Jahrhunderts überholte der Kaffee in Brasilien den Zucker als wichtigsten Nahrungsmittelexport.

Der Konsum von Tee war in China während des 3. Jahrhunderts

n. Chr. bereits weithin üblich, wie die ersten schriftlichen Quellen zeigen. Um 800 wurden Teepflanzen nach Japan eingeführt, wo sich bis zum 13. Jahrhundert der Teeanbau etabliert hatte. Chinesen und Japaner waren schon in der Antike als kultivierte Teetrinker bekannt, aber die holländische Ostindische Kompanie begann erst im 17. Jahrhundert, größere Mengen Tee nach Europa zu exportieren. Der Anbau hatte über lange Zeit seinen Schwerpunkt in China, und der Handel ging durch die Häfen Südostasiens, bis im 19. Jahrhundert die britische Ostindische Kompanie systematisch javanische und ceylonesische Teeplantagen aufbaute – und Indien zum weltweit größten Produzenten von Tee machte. Legendär waren die Wettrennen, die sich britische und amerikanische «Teeklipper» lieferten, besonders schnelle Segelschiffe, die aus Qualitätsgründen die aromatischen Blätter in Rekordzeiten zu ihren Abnehmern brachten.

Tee ebenso wie Kaffee und Schokolade schenkte man in eigenen Lokalen aus, in denen sich die Weitgereisten mit einem weltoffenen Bürgertum trafen. Die ersten «Kaffeehäuser» entstanden 1643 in Paris, 1645 in Venedig, 1652 in London, 1654 in Marseille und 1671 in Hamburg. Da in diesen von «gebildeten» Kreisen besuchten Treffpunkten bevorzugt die neuesten Erzeugnisse der politischen Presse auslagen, wurden sie zu Keimzellen der bürgerlichen Emanzipation und Aufklärung. Es wirkt wie eine Ironie der Geschichte, dass das Bürgertum, während es die Produkte von Sklavenplantagen und ausgebeuteten Völkern zu sich nahm, jene Ideen von Gleichheit, Freiheit und Brüderlichkeit entwickelte, die 200 Jahre später zur Abschaffung der Sklaverei führen sollten. Wurde das Café in Frankreich bald zum Sammelplatz der Künstler und Schriftsteller, wie am *Fin de siècle* die Literatencafés von Wien, Prag und Berlin, so stand in London lange das Handelsgeschäft im Vordergrund. Legendär wurde das 1688 von Edward Lloyd (gest. 1713) gegründete Kaffeehaus in der Towerstreet.

1696 veröffentlichte er die erste Zusammenstellung der aktuellen Schiffsbewegungen, aus der 1734 Lloyd's Schiffsregister hervorging. 1774 wagten die Klein- und Risikoversicherer, die sich dort regelmäßig zusammenfanden, den Gang an die Börse und gründeten den bedeutenden Schiffsversicherer.

Die globale Expansion des Überseehandels im 19. und 20. Jahrhundert hat weitere exotische Nahrungsmittel auf die Märkte der Industrienationen gebracht. Auch sie wurden über lange Zeit von Sklaven oder Leibeigenen angebaut. Und selbst mit Arbeitsverträgen oder sogar eigenem Grund ausgestattete Landarbeiter produzieren bis in unsere Tage unter härtesten Bedingungen. Andererseits haben es einige ehemalige Kolonien verstanden, sich die weltweiten Handelsnetze zu Nutze zu machen, um ihre Produkte zu vertreiben. Bananen zum Beispiel gehörten nur in den Tropen zu den nachgefragten Lebensmitteln – bis in den 60er Jahren des 19. Jahrhunderts europäische Finanziers und Händler Plantagen anlegten und die Produktion beträchtlich steigerten. In den 90er Jahren des 19. Jahrhunderts hatten große Handelsgesellschaften den Dschungel gerodet, Eisenbahnstrecken gebaut, Straßen und sogar Häfen angelegt. Heute leistet die Bananenindustrie einen bedeutenden Beitrag in der Wirtschaft von Ländern wie Brasilien, Uganda, Indien und den Philippinen. Gleiches gilt für den Kaffeeanbau, vor allem in Brasilien und Kolumbien. Seit Tee in der ganzen Welt beliebt geworden ist, sind neben den angestammten Anbauländern auch Argentinien, Peru und Russland zu Exporteuren geworden.

KRANKHEITEN
UND DER ÜBERSEEHANDEL

Die Menschheit hatte stets mit ansteckenden und tödlichen Krankheiten zu kämpfen. Bereits der erste große Schritt der Zivilisation, das Sesshaftwerden, machte zwar das Leben sicherer, aber zugleich die Lebensweise ungesünder. Die zur Einseitigkeit neigende Ernährung durch den Ackerbau erscheint als Rückschritt, gemessen an der Vielfalt der Nährstoffe und Vitamine, die prähistorische Jäger und Sammler zu sich nahmen, deren Körper entsprechend widerstandsfähiger gegen Krankheiten waren. Gleichzeitig schufen die Agrargesellschaften günstige Bedingungen für neue Erreger, die sich Pflanzen, Insekten oder Tiere als Wirte suchten. Andere nutzten die zunehmende Häufigkeit sozialer Kontakte für die direkte Übertragung von Mensch zu Mensch. Der Aufbau einer körpereigenen Abwehr gegen solche Krankheiten ist ein langsamer und schmerzhafter, oft auch verlustreicher Prozess. Verschiedene Zivilisationen haben ihre eigenen virulenten Krankheiten entwickelten. So entstanden die Pocken in Südasien und die Masern in China. Als Zivilisationen wie diese weitreichende Handelsverbindungen einrichteten, tauschten sie nicht nur ihre Waren, sondern ebenfalls ihre Krankheiten – und nach und nach auch ihre Immunisierung. Vor allem die Seefahrt hat Krankheitserreger über weite Entfernungen in Gebiete getragen, die zuvor noch nie mit ihnen in Berührung gekommen waren. Wie bereits am Schicksal der Bevölkerungen der Inka- und Aztekenreiche gezeigt, konnte auf diese Weise unermesslicher Schaden angerichtet werden.

Ein frühes Beispiel für eine verheerende, über die Seeverkehrsnetze verbreitete Krankheit ist die Pest, die 430 v. Chr. in Athen ausbrach und vier Jahre lang wütete. Der Geschichtsschreiber Thukydides, der sich infizierte, jedoch überlebte, berichtet, dass die ersten Opfer in Piräus, dem Hafen von Athen, verzeichnet wurden und dass die Krankheit zuvor auf der von Athen kontrollierten Insel Lemnos in der nördlichen Ägäis auftrat, die an der wichtigsten Handelsroute zum Hellespont und zum Schwarzen Meer lag. Die Beobachtungen legen eine Übertragung auf dem Seeweg nahe. Die Seuche scheint ihren Anfang in Persien oder Ägypten genommen zu haben und über den viel befahrenen Seeweg bis nach Griechenland gekommen zu sein. Die Bewohner Athens, das zu dieser Zeit in Kampfhandlungen mit dem Rivalen Sparta (Peloponnesischer Krieg, 431–404 v. Chr.) verwickelt war, drängten sich im Stadtgebiet zusammen, um Schutz hinter den befestigten Mauern zu finden – Verhältnisse, die die Übertragung der Krankheit begünstigt haben. Die Pest raffte mit einem Drittel der Bevölkerung auch den führenden Staatsmann hinfort. Der Tod des Perikles und die plötzliche Abnahme der Bevölkerung schwächten die Seestreitkraft des Stadtstaates, auf der die Vorherrschaft im östlichen Mittelmeer beruhte. Im Jahr 404 v. Chr. schließlich mussten die Athener kapitulieren, ihr Seeimperium aufgeben und die Verteidigungsmauern schleifen, die den Feind so lange aus der Stadt ferngehalten hatten.

Die Pest von 430 v. Chr. scheint auf das östliche Mittelmeer begrenzt gewesen zu sein. Der Ausdehnung des Römischen Reiches entsprechend wüteten die Pestepidemien, die zur Zeit des Kaisers Justinian (483–565 n. Chr., Herrschaft ab 527) ausbrachen, in weit größerem Umfang. Bereits im 2. und 3. Jahrhundert n. Chr. war im

Römischen Reich Pest aufgetreten, doch erst bei dem Ausbruch in den 40er Jahren des 6. Jahrhunderts lässt sich mit Sicherheit sagen, dass es sich um Beulenpest handelte. Der Erreger befiel gewöhnlich schwarze Ratten und wurde unter ihnen durch Flöhe übertragen. Die Krankheit kam aus Indien oder Nordostafrika und hat sich anscheinend von Äthiopien aus über das Römische Reich ausgebreitet. Um 545 erreichte sie selbst die Britischen Inseln. Die intensiven Handelsverbindungen zwischen den Regionen des Indischen Ozeans und des Mittelmeers trugen zweifellos zu ihrer Verbreitung bei. Die Hafenstädte Südasiens, des Persischen Golfs, des Roten Meeres und des Mittelmeeres waren, wie wir gesehen haben, weltoffen. Unabsichtlich haben ihre fleißigen Kaufleute und Seefahrer die infizierten Ratten von einem Hafen in den nächsten geschafft.

Die Erreger der Pest sind nicht von Natur aus bei Ratten vorhanden, sie sind für sie ebenso tödlich wie für den Menschen. Die moderne Forschung geht davon aus, dass sich die Ratten infizierten, als sie zu Beginn des 1. Jahrtausends n. Chr. begannen, in der Umgebung von Städten zu leben. Die großen Mengen an organischen Materialien in den Lagerhäusern lockten die Ratten zwangsläufig an; die florierenden Hafenstädte waren ein hervorragender Lebensraum für sie. Und wenn sie an den Halteleinen der Schiffe hochkletterten, um nach Nahrung zu suchen, wurden sie mit einem Mal über weit größere Strecken bewegt, als ihnen das auf dem Landweg möglich gewesen wäre. Ist die Beulenpest in der Region des Indischen Ozeans eine beträchtliche Zeit früher aufgetreten, ehe sie sich nach Norden ausbreitete, könnte es sein, dass die Bevölkerung dort eine gewisse Widerstandsfähigkeit bereits entwickelt hatte und die Virulenz der Krankheit deshalb um einiges vermindert war. Als die Seuche jedoch die Landbarriere Ägyptens in den Mittelmeerraum überwunden hatte, traf sie auf eine Bevölkerung ohne eine solche Resistenz.

Die Folgen der Pest wirkten jedoch auch verheerend auf jene Seehandelsnetze zurück, die die Epidemie zu verbreiten halfen, ohne in katastrophaler Weise von Erkrankungen betroffen zu sein. Die Pestausbrüche führten am anderen Ende der Handelswege zu beträchtlichen Bevölkerungsabnahmen und einem Niedergang der landwirtschaftlichen Produktion, zu einer Reduzierung der Akkumulation kaufmännischen Reichtums und städtischer Ausgaben. Diese Faktoren lähmten die gesamte vernetzte Wirtschaft des Indischen Ozeans, des Nahen Ostens und des Mittelmeers. Die Region versank in einem Zeitalter der Dunkelheit, verstärkt durch die katastrophalen Vulkanausbrüche der 30er Jahre des 6. Jahrhunderts, denen eine weltweite Klimakatastrophe und Hungersnöte folgten. Die größeren Pestausbrüche im 6. und zu Beginn des 7. Jahrhunderts blieben zumeist auf den östlichen Mittelmeerraum beschränkt, aber in der zweiten Hälfte des 7. Jahrhunderts waren wieder schwere und weit verbreitete Epidemien zu verzeichnen, die die muslimische und die christliche Welt heimsuchten. Schließlich kam die Seuche in der Region zum Stillstand, weil sie ihre Wirtspopulation zu stark dezimierte.

Als in den 20er Jahren des 6. Jahrhunderts, wie im vorigen Kapitel erwähnt, die hochwillkommenen buddhistischen Mönche aus Korea in Japan eintrafen, war dies vermutlich zugleich die unangekündigte Ankunft der Pocken auf den japanischen Inseln. Als die Japaner begannen, sich zunehmend in die maritime Gemeinschaft des Fernen Ostens einzugliedern, folgten weitere Ausbrüche, bis schließlich eine zwischen 735 und 737 wütende Pockenepidemie rund ein Drittel der Bevölkerung auslöschte. Die Katastrophe stellte den Glauben des japanischen Volkes an die sich etablierende Ritsuryo-Dynastie auf eine harte Probe. Kaiser Shomu, ein frommer Buddhist, soll das Leiden als Zeichen der göttlichen Missbilligung seiner Unzulänglichkeiten als Herrscher gedeutet und daher beschlossen haben, ein noch tugendhafteres Leben zu führen und in allen Provinzen des Reiches Tempel zu errichten. Die Japaner waren aufgrund ihrer Insellage und der relativ geringen Bevölkerung ernsthaft bedroht durch das Risiko neuer Epidemien, die eine Zunahme überseeischer Kontakte mit sich brachte. Die Beulenpest erreichte Japan von China aus im ersten Jahrzehnt des 9. Jahrhunderts, es folgten weitere Pestepidemien, Mumps, die Masern und die Pocken, bis sich Japan schließlich den Krankheitsmustern des umgebenden ostasiatischen Festlands angepasst hatte.

Im 14. Jahrhundert war die Beulenpest erneut auf dem Vormarsch. Sie hinterließ in China 1331 eine Spur der Verwüstung und erreichte Zentralasien über die Karawanenstraßen, auf denen zu dieser Zeit reger Verkehr herrschte, galt es doch, den Handel und die Verbindungen innerhalb der riesigen Gebiete zu gewährleisten, die durch die mongolischen Eroberungen von Dschingis Khan und seinen Nachfolgern zusammengeführt worden waren. Der Eintritt nach Europa, wo die berüchtigte Seuche als der «Schwarze Tod» bekannt war, wurde wiederum durch den Seehandel erleichtert. Die Pest verbreitete sich von Zentralasien aus westwärts, erreichte die Krim bis 1340 und Konstantinopel 1347. Von dort wurde sie rasant über die Handelsnetzwerke des Mittelmeers getragen – und darüber hinaus. 1348 erreichte sie Frankreich und die Iberische Halbinsel, England und die Niederlande, 1349 die Trümmer des «Heiligen Römischen Reiches Deutscher Nation» und das aufsteigende Habsburgerreich, 1350 Nordeuropa und den Staat der Ordensritter. In den Ostseeraum drang sie vermutlich über die englischen und deutschen Häfen vor. Der Invasion über die Häfen folgte schnell die Verbreitung ins Hinterland, wobei die Epidemie sichtlich entlang der Handelsstraßen vordrang. Die wenigen Gebiete in Europa, die vom «Schwarzen Tod» verschont blieben, wie etwa die südpolnische Ebene und die Grenzlandschaft Béarn im Südwesten Frankreichs, lagen tief im Landesinneren. Die Ausbrüche wiederholten sich, ähnlich wie im 6. und 7. Jahrhundert, und traten noch fünfmal in Abständen von jeweils rund einem Jahrzehnt auf, bevor die Epidemie auch hier zum Stillstand kam. Die Auswirkung der Pestseuchen auf die Bevölkerungszahlen, auf Landwirtschaft, Gewerbe und Handel waren drastisch, die Folgen im politischen und sozialen Bereich zum Teil verheerend. In England zum Beispiel war die Bevölkerungszahl zwischen 1300 und 1400 um die Hälfte zurückgegangen. 25 Millionen Menschen fanden in Europa den Tod. Gewalttätige Erhebungen wie der französische Bauernaufstand (*Jacquerie*) von 1358 waren zum Teil Reaktionen auf die Zerrüttung des wirtschaftlichen und sozialen Lebens, die das Wüten der Pest brachte.

Die epidemiologische Forschung, die schließlich den Erreger, der die Beulenpest verursacht, identifizierte und den Übertragungsweg zwischen Flöhen, Nagetieren und Menschen herausfand, wurde durch einen weiteren erschreckenden Ausbruch der Pest am Ende des 19. Jahrhunderts veranlasst. Der Auslöser scheint um 1855 eine chinesische Militärexpedition in die Provinz Yünnan gewesen zu sein, wo die Beulenpest örtlich begrenzt auftrat. Die Soldaten sollten dort eine Revolte niederschlagen und schleppten die Erreger vermutlich bei ihrer Rückkehr nach Zentralchina ein. Dort verbreitete sich die Krankheit verhältnismäßig langsam über die Überlandverkehrsnetze, bis sie 1894 die internationalen Handelshäfen Hongkong und Kanton erreichte. Von hier aus wurde sie auf den globalen Seehandelsrouten über die ganze Welt verbreitet – mit einer Geschwindigkeit und einem Radius, der die entwickelten Handelsnetze des Spätmittelalters weit hinter sich ließ. Die modernen Handelsschiffe ermöglichten der Seuche, die enormen Distanzen des Pazifik, des Indischen Ozeans und des Atlantik zu überwinden, lange bevor sie alle Wirte, die ihr auf einem Schiff zur Verfügung standen, hätte töten können. In den ersten Jahren des 20. Jahrhunderts trat die Pest, in einigen Fällen mit verheerenden Folgen, in Bombay, Sydney, San Francisco und Buenos Aires auf.

Die Infektionskrankheiten der Neuen Welt

Ende des 14. Jahrhunderts hatte der Austausch von Krankheiten innerhalb der Hauptregionen der Alten Welt eine relativ stabile Situation erreicht. Aber mit der Öffnung dieser Welt über den Atlantik und Pazifik begann ein neues Kapitel in der biologischen Geschichte der Zivilisationen. Wieder spielten die Handelswege, die wirtschaftliches Wachstum brachten und den kulturellen Austausch erleichterten, eine bedeutende Rolle in der globalen Verbreitung von gefährlichen Krankheiten wie Masern, Pocken, der Beulenpest oder ähnlichen, nicht sicher identifizierten Krankheiten. In der Alten Welt war ihr epidemisches Auftreten im Laufe der Jahrhunderte beinahe alltäglich geworden. Die Neue Welt war auf die tödlichen Krankheiten nicht vorbereitet. Bei seiner legendären Entdeckungsfahrt 1492 führte Kolumbus, ohne es zu wissen, ein wahrlich höllisches Arsenal ansteckender Krankheiten mit an Bord. Schon in ihrer europäischen Umgebung waren sie gefährlich, für die Bevölkerung der Neuen Welt wurden sie zur tödlichen Katastrophe. Die Bewohner der Karibischen Inseln und nach ihnen ihre Vettern auf dem zentralamerikanischen Festland wurden in nicht abreißenden Wellen von Pocken, Masern, Grippe und Typhus überrollt.

Tödlich für beide Seiten war die Schweinegrippe. Sie befiel die gerade angekommenen Seefahrer fast ebenso wie die einheimischen Menschen. Die Pocken wurden 1518 von den Spaniern in die Karibik eingeschleppt, wo sie vermutlich nur tausend Eingeborene überleben ließen. Als sie 1520 von den Verstärkungstruppen für Cortés aufs Festland gebracht wurden, richteten sie unter Azteken, Maya, Inka und anderen Völkern, denen jegliche Immunität fehlte, nie da gewesene Verheerungen an. Die Seuchen erleichterten, wie wir gesehen haben, die spanische Eroberung: Die Krankheiten dezimierten die Bevölkerung nicht nur, sie demoralisierten sie auch, denn genau wie ihre spanischen Angreifer deuteten sie die Epidemie als ein Zeichen göttlichen Zorns. Die Masern brachen ein Jahrzehnt später aus. 1546 folgte der Typhus, und sein Ausbruch machte den Europäern deutlich, wie nahe die Seeverbindung Amerika und Europa gebracht hatte, die sich nun eine Epidemie «teilten». Auch der Grippe-Epidemie in der Mitte des 16. Jahrhunderts fielen Millionen Menschen auf beiden Seiten des Atlantik zum Opfer, sie drang vermutlich sogar bis Japan vor.

Die europäische Ausweitung des Seehandels im 15. Jahrhundert hat zweifellos auch die Verbreitung der Pocken im südlichen Afrika ermöglicht. Aber was die Krankheiten angeht, waren die Handelswege nicht immer nur Einbahnstraßen. Auch war dies nicht der einzige überseeische Austausch von Krankheiten zwischen Europa und anderen Teilen der Alten Welt. Über den Ursprung der Syphilis, die in Europa und Asien seit dem späten 15. und frühen 16. Jahrhundert auftrat und bis in die jüngste Vergangenheit durch ihre Verbindung mit der Sexualität tiefsitzende Ängste auslöste, wird bis heute gestritten. Die eine Lehrmeinung besagt, dass portugiesische Plantagenaufseher und Sklavenhändler bei ihrem Umgang mit der heimischen westafrikanischen Bevölkerung die dort verbreitete «Framboisie» oder Himbeerseuche in das gemäßigtere Klima des Mittelmeerraums übertragen hätten, wo sie zur Syphilis mutiert sei. Der darauf folgende Import von Tausenden von Sklaven, vor allem junger Frauen, auf die Iberische Halbinsel und in andere Teile Europas habe die Verbreitung der Krankheit begünstigt. Die widersprechende Theorie sieht es als wahrscheinlich an, dass die Syphilis von Soldaten und Seeleuten bereits bei Kolumbus' erster Reise aus der Karibik mit nach Europa gebracht wurde. Das Auftreten des ersten überlieferten Ausbruchs der Krankheit 1494 in der Armee des französischen Königs Karl VIII. (1470–1498, Herrschaft ab 1483) in Neapel scheint diese Hypothese zu bestätigen. Die Auflösung der weitgehend aus Söldnern bestehenden Armee nach Karls Rückzug würde die rapide Ausbreitung der Krankheit erklären. Durch Vasco da Gamas Entdeckungsreise wurde die Syphilis vermutlich 1498 nach Indien gebracht, von wo sie sich in den ersten Jahren des 16. Jahrhunderts über die Seehandelswege nach China und Japan ausbreitete.

Die Genehmigung, afrikanische Sklaven in die Karibik «einzuführen», wurde 1518 von Kaiser Karl V. gewährt, zum Teil, um die dezimierte eingeborene Bevölkerung durch Arbeitskräfte zu ersetzen, die vergleichbare Krankheitsimmunitäten aufwiesen wie ihre europäischen Herren. Mit den Sklavenschiffen überquerten aber auch neue Erreger den Atlantik. Die Übertragung von Malaria und Gelbfieber aus der Alten in die Neue Welt im 16. und 17. Jahrhundert ist ein weiteres Beispiel für die schwer abwägbaren Auswirkungen der globalen Seefahrt. Die Forscher nehmen an, dass die Moskitos, die diese Erreger übertragen, in den großen Wasserfässern, die die Seeleute für ihre langen Reisen benötigten, ideale Lebensräume während der Überfahrt fanden. Der massenhafte Transfer von afrikanischen Sklaven über den Atlantik auf die Karibischen Inseln und das amerikanische Festland ersetzte nach und nach die eingeborenen Amerikaner durch Menschen, die eine gewisse Resistenz gegen jene Krankheiten mitbrachten, die die einheimische Bevölkerung fast ausgerottet hatten. Als der Sklavenhandel abebbte und der Gesundheitszustand der

Reisenden zwischen den Kontinenten sich verbesserte, erhöhten sich auch die Bevölkerungszahlen. Langfristig verringerte sich die einheimische Bevölkerung Süd- und Nordamerikas auf etwa ein Zwanzigstel des Standes vor Kolumbus.

Auch Forschungsreisen wie die von Kapitän James Cook (1728–1779) übertrugen Krankheiten in die isolierteren Teile der Welt – mit den für uns vorhersehbaren Folgen. Man hat geschätzt, dass 90 Prozent der einheimischen Bevölkerung der Hawaiischen Inseln im 18. und 19. Jahrhundert an eingeschleppten Krankheiten gestorben sind. In Australien und Ozeanien und einigen entlegeneren Teilen Amerikas sind die Bevölkerungseinbrüche durch die aus der restlichen Welt eingeführten Krankheiten noch immer spürbar. Andererseits trug der erhöhte Seeverkehr zwischen Europa, Asien, Amerika und anderen Teilen der Welt jedoch zu einer allgemeinen Stabilisierung der Infektionsmuster bei, sodass die Bevölkerungen, sobald bestimmte hygienische Standards erreicht waren, trotz der Präsenz von endemischen Krankheiten wieder wachsen konnten. Die Geschichte des transozeanischen Austausches von Krankheiten ist jedoch längst nicht vorbei, wie die Ausbreitung des AIDS-Virus, vermutlich von einem Ursprung in Afrika, in der gesamten Welt allzu deutlich beweist.

Epilog

Die Seefahrt hat von ihren prähistorischen Ursprüngen bis heute einen langen Weg zurückgelegt. Die Schiffe, mit denen man Menschen und Güter auf den globalen Seestraßen befördert, sind ständig größer, schneller, zuverlässiger geworden. Längst hat der Weltraum die großen Ozeane abgelöst als letzte Herausforderung an den Wagemut des menschlichen Genius. Aber auch in der modernen Weltwirtschaft ist der Schiffsverkehr noch immer ein zentraler Faktor. Die vorangegangenen Kapitel haben einen Einblick in den historischen Entstehungsprozess der globalisierten Handels- und Kommunikationsnetze unserer Tage gegeben. Von Anfang an war die Ausdehnung der Verkehrsnetze verbunden mit der Ausweitung politischer und wirtschaftlicher Macht sowie mit der Verbreitung von Technologien, Ideologien und Kulturen. In diesem Geflecht haben sich die menschlichen Gesellschaften entwickelt und Verbindung miteinander aufgenommen. Vor diesem Hintergrund sind Reiche aufgestiegen und untergegangen, entstanden unvergängliche Kunstwerke, wurden Millionen von Menschen verschleppt oder wanderten freiwillig aus, verbreiteten sich Sprachen und Gebräuche.

Im Laufe der Jahrhunderte hat sich in diesem Prozess des Austauschs eine vielgestaltige erdumspannende Zivilisation herausgebildet, in der heute mehr Menschen Ideen, Kenntnisse und Waren tauschen und teilen als jemals zuvor. Zugleich ist die Entstehung transozeanischer Netzwerke durch die europäische Expansion um 1500 bis heute als Ungleichgewicht in der Weltwirtschaft spürbar geblieben, auch wenn die mächtigen Nationen der Alten Welt von den Vereinigten Staaten überflügelt worden, auf die Erdölreserven der arabischen Staaten angewiesen und durch die asiatischen Länder einer harten Konkurrenz ausgesetzt sind.

Warum nutzten gerade die relativ kleinen westeuropäischen Nationen ihre seefahrerischen Fähigkeiten dazu, als unüberwindbar geltende Grenzen zu überschreiten und ihre wirtschaftlichen und politischen Netzwerke auszudehnen – und nicht die riesigen Reiche der Ming-Dynastie oder der Kalifen? Der wissenschaftliche und technologische Fortschritt kann nicht als einzig entscheidender Faktor angesehen werden für den Paradigmenwechsel von der Kooperation zum Konflikt und zur Eroberung. Es mag stimmen, dass die westeuropäischen Kriegsschiffe und Feuerwaffen denen der anderen Völker überlegen waren. Das bedeutete aber keineswegs, dass die Europäer aus einer direkten militärischen Auseinandersetzung als Sieger hervorgegangen wären. Vielmehr belasteten sie, indem sie ihre Macht über so große Entfernungen ausdehnten, ihr Menschenpotential bis an die äußersten Grenzen. Hieraus erklären sich die Machteinbußen der kleineren Länder wie Portugal und der Niederlande, während die überseeische Expansion Großbritanniens, Frankreichs und später der Vereinigten Staaten deren Bevölkerungswachstum sogar noch steigerte.

Als wesentlicher Charakterzug der expansiven Staaten erweisen sich Zentralregierungen, die daran interessiert waren, ihre Abhängigkeit von den im Inland erhobenen Steuern zu verringern, und die deshalb Handelsgesellschaften mit fast staatlichen Machtbefugnissen und hoch entwickelten Finanzierungssystemen gründeten. Die entschieden kommerzielle Motivation der Gesamtunternehmung sowie das Gewinnstreben der Einzelnen, die die Maschinerie in Gang hielten, sollten als Gesichtspunkte nicht übersehen werden. In vielen Regionen öffneten interne Streitigkeiten und politische Rivalitäten die Gelegenheit zur Intervention für eine externe Seemacht. Aber der Motor der überseeischen Expansion war die harte Konkurrenz zwischen den europäischen Staaten. Die Rivalität zwischen Venedig und Portugal, zwischen Spanien und den Niederlanden, England und Frankreich war zu unterschiedlichen Zeiten stärker politisch, religiös oder kommerziell akzentuiert, doch unerbittlich war sie stets. Und ihre Intensität nahm noch zu, als sie auf einer industrialisierten globalen Bühne ausgetragen wurde. Immer wieder führte die maritime Konkurrenz daher auch zu Kriegen.

All dies vermag aber nur bis zu einem gewissen Grad den besonderen Wagemut der Seefahrer Europas zu erklären, die ihre – von Norwegen bis auf die Iberische Halbinsel nach Westen gerichteten – Küsten als Herausforderung nahmen, die endlosen Weiten des Ozeans zu meistern und in Regionen aufzubrechen, die weit jenseits ihrer vertrauten Gewässer lagen. An den Küsten Amerikas haben Atlantik und Pazifik die seefahrenden Zivilisationen nicht im gleichen Maße in die unbekannte Ferne gelockt. Und am Indischen Ozean wurden zwar ebenfalls gewaltige Strecken überwunden, doch scheinen dort die von den Monsunwinden vorgegebenen Routen und die mächtige Anziehungskraft der Reiche des Fernen Ostens die Horizonte der Seefahrer wirkungsvoller begrenzt zu haben.

Im Kapitel über die Weltreligionen wurde deutlich, dass Seehandelskaufleute oft so etwas wie die Avantgarde neuer Ideen in entfernten Weltgegenden waren. Es lässt sich aber ebenso feststellen, dass die Fremde zivilisierte Menschen verführt hat, sich von den moralischen und religiösen Beschränkungen ihrer eigenen Gesellschaften freigesetzt zu fühlen und an entfernten Küsten in einer Weise zu handeln, die sie in ihrer Heimat niemals in Erwägung gezogen hätten. In Bezug auf das Christentum interessant ist die Beobachtung, dass die Expansion der europäischen Seenetze oft so schnell vonstatten ging, dass die neuen Untertanen wie die neuen Herren Schwierigkeiten hatten, mit der Entwicklung Schritt zu halten. Zwar waren die eroberten Gebiete der Neuen Welt dem Namen nach von Anfang an christlich, die einheimischen Kulturen behielten in Wirklichkeit aber ihre eigene religiöse Identität. Und auch für die europäischen Immigranten bedeutete es einen herausfordernden Anpassungsprozess, ihre traditionellen Werte, Gewohnheiten und Überzeugungen mit den neuen Bedingungen in Einklang zu bringen. Im Gegensatz dazu vollzogen sich die Veränderungen in Asien und Afrika gemessener, wo der Islam und der Buddhismus sich über lange Zeit auf den Routen der Seehandelsnetze ausgebreitet hatte.

Die überseeische Produktion und Verteilung der Nahrungsmittel ist mit Sicherheit ein bedeutendes Beispiel für den positiven Beitrag, den die Seefahrt zur Fortentwicklung der Zivilisationen geleistet hat. Neue Nahrungsquellen wurden erschlossen und neue Nahrungsmittel in die Ernährung vieler Völker eingebracht. Niemand von uns möchte – trotz der dunklen Geschichte der kolonialen Produktion und des von dort vererbten Ungleichgewichtes in der Weltwirtschaft – auf das vielfältige und abwechslungsreiche Angebot verzichten, das heute jeder Supermarkt bietet. So vertraut uns Kaffee, Tee und Zucker heute sind, so sehr haben wir uns auch daran gewöhnen müssen, dass unsere näher zusammenrückende Welt anfällig gegen Störungen geworden ist, auch gegen unwillkommene Importe wie Drogen, Terrorismus – und Krankheiten wie SARS. In der Schnelligkeit hat dabei mittlerweile der Luftverkehr die Schiffahrt überholt. Dennoch kann man dem Historiker William McNeill zustimmen, wenn er schreibt, «dass der Widerhall einer ganzen Reihe von Erschütterungen, die durch die neue Durchlässigkeit der Weltmeere infolge ihrer vielfachen Überquerung durch Hochseeschiffe seit 1492 eingeleitet wurden, in der Biosphäre der Welt noch immer nicht verklungen ist».[7] Die zunehmenden Umweltprobleme, die eine ausgeweitete Schifffahrt verursacht, wurden in diesem historischen Überblick nur am Rande erwähnt, weil sie in ihrer Massivität erst seit der zweiten Hälfte des 20. Jahrhunderts ins Bewusstsein dringen. Bis heute spürbare Schäden, wie beispielsweise durch weitflächige Abholzung für den Schiffbau, sind bereits aus der Antike bekannt. Aber erst eine globale hoch industrialisierte Wirtschaft ist in der Lage, unser Ökosystem aus dem Gleichgewicht zu bringen. Hier trägt, das muss man leider sagen, die moderne Schifffahrt einen nicht unerheblichen Teil bei. Besonders spektakulär sind die Havarien von gigantischen Tankern, die mit ihren Ölteppichen offen sichtbar ganze Küstenstriche verschmutzen, oder atomgetriebener U-Boote US-amerikanischer, aber vor allem sowjetischer Herkunft, deren Wracks mittlerweile in fast allen Meeresregionen auf Grund liegen. Weniger offensichtlich ist der Dreck, den die Schiffe auf den rege befahrenen Seerouten hinterlassen, und der Schrott, der am Ende von ihnen selbst zurückbleibt. Spezialschiffe sind außerdem in großem Stil für die Beseitigung von Müll auf See zuständig. Eine neue Generation von Müllverbrennungsschiffen erzielt wohl mittlerweile vergleichsweise akzeptable Emissionswerte; die «Verklappung» der enormen Abfallmengen der chemischen Industrie ist nach wie vor ein heiß debattiertes Thema. Kaum bekannt ist die «Endlagerung» radioaktiver Abfälle in der Tiefsee. Allein die USA haben zwischen 1946 und 1970 über 100 000 Behälter mit solchem Material an 24 Positionen im Pazifik und Atlantik sowie im Golf von Mexiko versenkt. Die Sowjetunion hat über ihre Einbringungen ins Nordpolarmeer keine Angaben gemacht. Ein wesentlicher Anteil der zunehmend alarmierenden Verschmutzung und Überdüngung, vor allem in Küstennähe, geht nicht von der Schifffahrt aus, sondern von dem, was unsere Zivilisation durch Abwässerkanäle und verschmutzte Flüsse ins Meer leitet.

Ganz offensichtlich haben der enorme Fortschritt der Seefahrt wie die mit ihr einhergehende Entwicklung der Zivilisation ihre nicht zu übersehenden Schattenseiten. Dies klar beim Namen zu nennen, heißt aber nicht automatisch, deren positive Aspekte zu negieren. Die langfristige Entwicklung der modernen Wirtschaft kann trotz all ihrer Ungleichheiten und trotz ihrer potentiellen Schädlichkeit noch immer als ein großer Schritt nach vorn in der Entwicklung der menschlichen Zivilisation angesehen werden. Auch kulturell hat die Welt von den Anstrengungen der Seefahrer profitiert. Das reiche Erbe der iberischen Kultur, das von den Seeleuten, Händlern, Siedlern und Missionaren verbreitet wurde, blüht an vielen Orten und hat ein eindrucksvolles Vermächtnis hinterlassen. Spanisch steht auf Platz drei der europäischen Sprachen, die am weitesten auf der Welt verbreitet sind, und wird in Chile wie auf den Philippinen gesprochen. Englisch ist durch den doppelten Einfluss des britischen Empire und der Vereinigten Staaten auf Platz eins gelandet; gefolgt vom Französischen, das in Kanada gesprochen wird und in einer Reihe afrikanischer Länder nach wie vor die amtliche Verständigungssprache jenseits der unterschiedlichen Stammessprachen und Dialekte ist.

Wie die Sprache haben sich ebenfalls Aspekte der Kultur weltweit verbreitet, wobei die Einflüsse immer auch in zwei Richtungen gewirkt haben. Was erscheint uns heute typisch angelsächsisch? Das Teetrinken. Was gilt unter anderem als typisch deutsch? Kaffetrinken und Kartoffelgerichte. Jedem, der dieses Buch liest, werden mit Leichtigkeit einzelne Züge seiner Sprache, Ernährung, Kleidung, seines Alltags wie seiner Hochkultur einfallen, die ihren Ursprung in Übersee haben.

Von welchem Aspekt wir unseren Gegenstand auch betrachtet haben, der Beitrag der Seefahrt zur Fortentwicklung der Zivilisation ist bedeutend, vielfältig, schillernd und faszinierend. Am Ende bleibt unsere aufrichtige Bewunderung für die Seeleute aller großen Seefahrernationen, die immer wieder den Mut gefunden haben, sich den Herausforderungen der Meere mit den ihnen verfügbaren Mitteln und Fähigkeiten zu stellen.

So, wie es begonnen hat, soll dieses Buch enden: mit einem Zitat. Es stammt aus einem Gedicht des amerikanischen Dichters Henry Wadsworth Longfellow (1807–1882), das den Titel trägt *Das Geheimnis des Meeres*.

«Wissen willst Du», fragt der Steuermann,
«Welch' Geheimnis birgt das Meer?
Nur die seiner Wut getrotzt,
Erfuhren sein Mysterium.»

Anmerkungen

1 Sophokles, *Antigone*, II. Akt, Z. 349–383, übersetzt von Friedrich Hölderlin.
2 Byock, Jesse L., *Medieval Iceland: Society, Sagas and Power*. Berkeley, 1988, S. 1.
3 Petronius, *Satyricon*, übersetzt von Wilhelm Heinse. Frankfurt am Main 1980, S. 133.
4 McPherson, Kenneth, *The Indian Ocean. A History of People and the Sea*. Delhi, 1993, S. 55.
5 Colón, Fernando, *The Life of the Admiral Christopher Columbus by his Son Ferdinand*. New Brunswick, 1959.
6 Rothermund, Dietmar, *Indiens wirtschaftliche Entwicklung: von der Kolonialherrschaft bis zur Gegenwart*. Paderborn, München, Wien, Zürich, 1985, S. 28.
7 McNeill, William H., *Seuchen machen Geschichte: Geißeln der Völker*. München, 1978, S. 263.

Weiterführende Literatur

Das verlässlichste allgemeine Kartenmaterial zur Weltgeschichte bietet die fünfte Auflage von *Knaurs neuer historischer Weltatlas*, herausgegeben von Geoffrey Parker. Zahlreiche kommentierte Karten machen ihn besonders hilfreich. Das Konzept der wirtschaftlichen und politischen Machtnetzwerke wird in anspruchsvoller Weise in Michael Manns *Geschichte der Macht. Bd. 1 Von den Anfängen bis zur griechischen Antike* diskutiert.

Die im 1. Kapitel entfalteten Entwicklungen werden in Richard Woodmans *The History of the Ship. The Comprehensive Story of Seafaring From the Earliest Times to the Present Day* dargelegt. Woodman konzentriert sich dabei auf die Seefahrt von ca. 1500 an. Für die früheren Perioden sollte man Lionel Cassons *Die Seefahrer der Antike*, Gillian Hutchinsons *Medieval Ships and Shipping* und die Kapitel von Seán McGrail, A. J. Parker und Sarah Arenson in E. E. Rices *The Sea and History* heranziehen.

Für das 2. Kapitel gibt die Untersuchung von Philip Curtin, *Cross-Cultural Trade in World History*, eine allgemeine Übersicht und diskutiert die theoretischen Grundlagen. Anregend und informativ sind die Arbeiten von Kenneth McPherson, *The Indian Ocean. A History of People and the Sea*, Amélie Kuhrt, *The Ancient Near East c. 3000–330 BC*, Peregrine Hordern und Nicholas Purcell, *The Corrupting Sea: a Study of Mediterranean history*, und Barry Cunliffe, *Facing the Ocean: the Atlantic and its Peoples 8000 BC to AD 1500*. Zu China ziehe man Jacques Gernets *Die chinesische Welt: die Geschichte Chinas von den Anfängen bis zur Jetztzeit* zu Rate.

G. V. Scammells *The World Encompassed: The first European Maritime Empires c. 800–1650* ist ein guter Einstieg in das 3. Kapitel. Ebenfalls relevant sind Lionel Casson, Jacques Gernet und Fernand Braudels *Das Mittelmeer und die mediterrane Welt in der Epoche Philipps II.*, Carlo M. Cipollas *Segel und Kanonen: die europäische Expansion zur See*, Michael Woods *Auf den Spuren der Konquistadoren* und Paul Butels *The Atlantic*. Dietmar Rothermunds *Indiens wirtschaftliche Entwicklung: von der Kolonialherrschaft bis zur Gegenwart* ist eine gute Einführung zur Rolle der Briten in Indien und Eric Hobsbawms *Die Blütezeit des Kapitals: eine Kulturgeschichte der Jahre 1848–1875* behandelt die größeren Zusammenhänge des wirtschaftlichen Wachstums und der politischen Entwicklungen im 19. Jahrhundert.

Das Thema des 4. Kapitels wird von vielen der schon erwähnten Arbeiten gestreift. Eine ausführlichere Behandlung des frühen Buddhismus findet man in Himanshu P. Rays *The Winds of Change. Buddhism and the Maritime Links of Early South Asia*, in Jacques Gernets Abhandlung zu China und in Conrad Totmans *A History of Japan*. Das *Biographical Dictionary of Christian Missions* enthält nützliche Einträge zu Missionaren. Die isländische Bekehrung wird von J. L. Byock in *Medieval Iceland: Society, Sagas and Power* untersucht; die allgemeine Verbreitung des Christentums dokumentiert die *Geschichte des Christentums*. Zur Bedeutung der muslimischen Seefahrer und Händler greife man zu Philip Curtin, Kenneth McPherson und zu der faszinierenden Untersuchung von S. D. Goitein, *A Mediterranean Society. The Jewish Communities of the World as Portrayed in the Documents of the Cairo Geniza*. Die religiöse Entwicklung der Vereinigten Staaten wird in Philip Jenkins' *A History of the United States* umrissen.

Die Beziehung zwischen der Seefahrt und der Verbreitung von bestimmten Lebensmitteln in der Region des Indischen Ozeans behandelt Kenneth McPherson; für China gibt Jacques Gernet Auskunft. Die Untersuchung von Sidney Mintz, *Die süße Macht. Kulturgeschichte des Zuckers*, ist sehr informativ. Die größeren Zusammenhänge des Sklavenhandels werden von Herbert S. Klein in *The Atlantic Slave Trade* untersucht. Das Standardwerk über Krankheiten ist William H. McNeills *Seuchen machen Geschichte: Geisseln der Völker*, das ergänzt wird von W. F. Bynums und Roy Porters *A Companion Encyclopedia of the History of Medicine*.

Alle oben erwähnten Bücher haben ihre eigenen Bibliographien, in denen sich weitere ausführliche Werke zu den jeweiligen Themen finden.

Weitere, für die deutsche Ausgabe herangezogene Literatur findet sich im Literaturverzeichnis. Einen Überblick zur deutschen Seefahrtsgeschichte geben Percy Ernst Schramm und Walther Vogel.

LITERATUR

Anderson, Gerald H., (Hrsg.), *Biographical Dictionary of Christian Missions*. New York 1998.

Barraclough, Geoffrey, (Hrsg.), *Knaurs neuer historischer Weltatlas*. 5., vollst. überarb. Aufl., hrsg. v. Geoffrey Parker. München 1995.

Berckenhagen, Ekhart, *Schiffe, Häfen, Kontinente. Eine Kulturgeschichte der Seefahrt*. Berlin 1983.

Braudel, Fernand, *Das Mittelmeer und die mediterrane Welt in der Epoche Philipps II*. Frankfurt am Main 1990.

Brügmann, Lutz, *Meeresverunreinigung. Ursachen, Zustand, Trends und Effekte*. Berlin 1993.

Butel, Paul, *The Atlantic*. London 2000.

Bynum, W. F. und Porter, Roy (Hrsg.), *A Companion Encyclopedia of the History of Medicine*. London 1993.

Byock, Jesse L., *Medieval Iceland: Society, Sagas and Power*. Berkeley 1988.

Casson, Lionel, *Die Seefahrer der Antike*. München 1979.

Cipolla, Carlo M., *Segel und Kanonen: die europäische Expansion zur See*. Berlin 1999.

Cunliffe, Barry, *Facing the Ocean: the Atlantic and its Peoples 8000 BC to AD 1500*. Oxford 2001.

Curtin, Philip D., *Cross-Cultural Trade in World History*. Cambridge 1984.

Ellmers, Detlev, *Häfen, Schiffe, Wasserwege. Zur Schifffahrt des Mittelalters*. Hamburg 2002.

Gernet, Jacques, *Die chinesische Welt: die Geschichte Chinas von den Anfängen bis zur Jetztzeit*. Frankfurt am Main 1988.

Goitein, Shlomo Dov, *A Mediterranean Society. The Jewish Communities of the World as Portrayed in the Documents of the Cairo Geniza*. Berkeley, Los Angeles und London 1967.

Günther, Karen, *Wort- und Sachgeschichte der Schiffahrt in Mittel- und Nordeuropa von den Anfängen bis zum späten Mittelalter*. Frankfurt am Main 1987.

Hansen, Hans Jürgen, *Schiffe, Häfen, Meere und Matrosen. Eine Geschichte der Schiffahrt und des Seeverkehrs*. Oldenburg, Hamburg 1975.

Höckmann, Olaf, *Antike Seefahrt*. München 1985.

Hobsbawm, Eric J., *Die Blütezeit des Kapitals: eine Kulturgeschichte der Jahre 1848-1875*. Frankfurt am Main 1980.

Hordern, Peregrine und Purcell, Nicholas, *The Corrupting Sea: a study of Mediterranean history*. Oxford 2000.

Hutchinson, Gillian, *Medieval Ships and Shipping*. London, 1994.

Jenkins, Philip, *A History of the United States*. London 1997.

Klein, Herbert S., *The Atlantic Slave Trade*. Cambridge 1999.

Knabe, Wolfgang, *Aufbruch in die Ferne*. Berlin, Bonn 1992.

Kuhrt, Amélie, *The Ancient Near East c. 3000-330 BC*. London 1995.

Mann, Michael, *Geschichte der Macht. Bd. 1 Von den Anfängen bis zur griechischen Antike*. Frankfurt am Main, New York 1994.

McManners, John (Hrsg.), *Geschichte des Christentums*. Frankfurt am Main, New York 1993.

McNeill, William H., *Seuchen machen Geschichte: Geißeln der Völker*. München 1978.

McPherson, Kenneth, *The Indian Ocean. A History of People and the Sea*. Delhi 1993.

Mintz, Sidney W., *Die süße Macht. Kulturgeschichte des Zuckers*. Frankfurt am Main, New York 1987.

Moltmann, Bodo Hans, *Geschichte der deutschen Handelsschiffahrt*. Bearb. v. Walter Kresse. Hamburg 1981.

Petronius, *Satyricon*, übersetzt von Wilhelm Heinse.
Frankfurt am Main 1980.

Plagemann, Volker (Hrsg.), *Übersee. Seefahrt und Seemacht im deutschen Kaiserreich*. München 1988.

Ray, Himanshu P., *The Winds of Change. Buddhism and the Maritime Links of Early South Asia*. Delhi 1994.

Rice, E. E., *The Sea and History*. Stroud 1996.

Rothermund, Dietmar, *Indiens wirtschaftliche Entwicklung: von der Kolonialherrschaft bis zur Gegenwart*. Paderborn, München, Wien, Zürich 1985.

Salewski, Michael, «Deutschland als Seemacht», in:
Jürgen Elvert, Jürgen Jensen, Michael Salewski (Hrsg.),
Kiel, die Deutschen und die See. Stuttgart 1992.

Scammell, Geoffrey Vaughn, *The World Encompassed: The first European Maritime Empires c. 800-1650*. London 1981.

Schramm, Percy Ernst, *Deutschland und Übersee*.
Braunschweig, Berlin, Hamburg, Kiel 1950.

Schulz, Karin (Hrsg.), *Hoffnung Amerika. Europäische Auswanderung in die Neue Welt*. Bremerhaven 1994.

Totman, Conrad, *A History of Japan*. Oxford 2000.

Vogel, Walther, *Die Deutschen als Seefahrer. Kurze Geschichte des deutschen Seehandels und Seeverkehrs von den Anfängen bis zur Gegenwart*.
Aus dem Nachlass hrsg. v. Günter Schmölders. Hamburg 1949.

Wood, Michael, *Auf den Spuren der Konquistadoren*. Stuttgart 2003.

Woodman, Richard, *The History of the Ship. The comprehensive story of seafaring from the earliest times to present day*. London 1997.

Danksagung

Dieser Text erschien ursprünglich begleitend zur 70. Anglo-Amerikanischen Historikertagung im Historischen Forschungsinstitut der Universität London, deren Thema ‹Das Meer› war. Mein Dank gebührt dem Direktor, Professor David Cannadine, für das Vertrauen, mich mit der Aufgabe betraut zu haben, und seinem Vorgänger, Professor Patrick O'Brien, für die Einladung, an seinen anregenden, vom Renaissance Trust geförderten Seminaren über globale Geschichte am Historischen Forschungsinstitut teilzunehmen. Ich habe in ihnen eine Menge gelernt. Eine Arbeit wie diese muss sich notwendig auf die Veröffentlichungen hervorragender Gelehrter stützen, die jedoch nicht dafür verantwortlich gemacht werden können, wenn mir irgendwelche Fehler bei der Benutzung ihrer Arbeiten unterlaufen sind. Dass ich bis zu einem gewissen Grad den Schwerpunkt auf die antike, mittelalterliche und frühe moderne Zivilisationsgeschichte Europas und des Mittelmeerraumes gelegt habe, liegt zum Teil auch an meinem eigenen Forschungsschwerpunkt.

Ich möchte Dr. Ted Kaizer und Frau Leonora Miles dafür danken, dass sie einen Teil meiner Unterrichtsverpflichtungen übernommen haben, was teilweise durch einen Zuschuss des Forschungshilfsfonds des St. Mary's College in Strawberry Hill finanziert wurde. Während der Abfassung diesesBuches haben mir einige akademische Kollegen mit wertvollem Rat zur Seite gestanden, besonders Dr. Michael Partridge und Dr. David Evans vom St. Mary's und Professor Frances Berdan von der CSU San Bernardino. Es wäre ohne die Bibliotheken der Universität London, des Historischen Forschungsinstituts, des Warburg Instituts, des Instituts für die Erforschung des Commonwealth am Royal Holloway College, des Ashmolean Museums und des St. Mary's College unmöglich gewesen, das Material für dieses Buches zu sichten und es zu schreiben.

Bei der Fertigstellung dieses Bandes habe ich viel Hilfe erfahren. Mein besonderer Dank gilt Josine Meijer, die mir die Illustrationen herausgesucht hat; den Mitarbeitern bei Profile Books, besonders Peter Carson, dem sehr geduldigen Herausgeber, und den Lektoren Penny Daniel und Bela Cunha. Wie immer schulde ich den größten Dank meiner wundervollen Frau Debra für ihre wertvolle Unterstützung, ihren Rat und die Ermunterung. In Liebe und Dankbarkeit widme ich dieses Buch meinen Eltern Collin und Maureen, die mich in meiner Kindheit oft mit ans Meer genommen haben und alle meine akademischen Bemühungen mit liebevoller Zuwendung unterstützten.

Register

Acapulco 79
Aden 104
Aden, Golf von 62, 133
Adulis 62, 135
Ägypten, Ägypter 16, 17, 34, 52, 53, 55, 61 f., 75, 76, 133, 136, 178, 179
AIDS 187
Aksum 61, 62, 135
Alabama 171
Alaska 17, 141
Albuquerque, Alfonso de 105
Alecto, HMS 31
Alexander der Große 166
Alexandria 35, 55, 56, 126
Algonkin 146
Al-Kemal 42
Alkuin 128
Al-Mina (Poseidion) 54
Amalfi 42
Amerika 17, 68–70, 92, 108, 138–140, 141–152, 172, 187, 191
– *siehe auch* Nordamerika *und* Südamerika
Amon-Re 52
Ansgar (Heiliger) 128 f.
Antwerpen 109
Apicius, Marcus Gavius 155
Arabien, Araber 19, 25, 26, 40, 42, 60, 61, 62, 65, 110, 133, 134, 135, 155, 166, 174, 190
Archimedes 31
Argentinien 176
Aschoka 121
Assyrien 17, 51

Astrolabium 41 f.
Atahualpa 99, 139
Athen, Athener 49, 55, 56, 58, 84, 178
Äthiopien 61, 62, 174
Atlantischer Ozean 22, 23, 40, 50, 71, 72, 79, 87, 90, 91, 100, 103, 108, 109, 127, 142, 145, 146, 159, 160, 171, 172, 184, 186, 191, 193
Atommüll 193
Augustin von Canterbury 127
Australien 16, 41, 69 f., 187
Azoren 102, 168
Azteken 98, 100, 138, 174, 177

Babylonier 49, 51
Bahia 100, 140
Baltikum 71, 87, 91
Bananen 176
Baptisten 150
Barbados 86, 170
Batavia *siehe* Djakarta
Baumwolle 64, 65, 66, 172
Behaim, Martin 42
Bengalen 111 f., 113, 162
Bergen 38, 72, 73
Bermuda 86
Bernstein 7 f.
Beulenpest 179, 181, 182, 184
Bodhisattwa Avalokitesvara 123
Bombay 110, 183
Bonifatius (Heiliger) 127

Borneo 69, 135
Brasilien 79, 99, 108, 167 f., 169, 170, 174, 176
Bremen 36, 129, 152
Bretagne, Bretonen 127, 143, 144
Broach (Bharuch) 35
Bronze 7, 18, 64, 66
Bronzezeit 17, 84
Brouwer, Hendrick 41
Brügge 72
Brunel, I.K. 31
Buch der Besiedlungen (Landnámabók) 38
Buddha 120, 123
Buddhismus 10, 120–124, 130, 180, 192
Buenos Aires 183
Byblos 51, 52 f.
Byzantinisches Reich 60, 76, 134

Cabeza de Vaca, Alvar Nunez 139
Cabot, John 145
Cadiz 108
Caesarea 56
Calicut 104
Calvert, Cecilius 150 f.
Candia (Heraklion) 76
Candomblé 140
Cape Cod 150
Cartier, Jacques 145
Casa da India 104
Cayenne 143

Ceuta 102
Ceylon *siehe* Sri Lanka
Champlain, Samuel de 146
Changchou 131
Charlotte Dundas 30
Cheng Ho → Karte A, 95
Chesapeake Bucht 150
Chile 98, 194
China, Chinesen 24, 25 f., 30, 35, 42, 50, 61, 64–67, 79, 86, 95 f., 97, 106, 107, 110, 113, 121, 122, 130, 131, 132, 135, 155, 161, 162, 174 f., 177, 180, 181, 182, 186, 190
Cholera 164
Christen, Christentum 71, 75, 125–132, 133, 135, 138–140, 141, 161, 180, 192
Chronometer 43, 44
Clive, Robert 111
Clyde (Fluss) 30
Coelestins I. (Papst) 126
Coligny, Gaspard de 143
Colón, Cristóbal *siehe* Kolumbus
Columban der Ältere (Heiliger) 127
Columban der Jüngere (Heiliger) 127
Columbus *siehe* Kolumbus
Compagnie du Sénégal 170
Compagnie Française des Indes 112
Containerschiff 35
Cook, Captain James → Karte B, 44, 187
Cortés, Hernán 98, 138, 185
Corvey 128
Cuba *siehe* Kuba
Cuzco 139
Cyrene 126

Dalhousie, Lord 114
Dampfschiff, Dampfkraft 28, 30–33, 63, 158
Danegeld 88
Dänemark, Dänen 22, 88, 90, 128 f.
Delos 55

Deutschland, Deutsche 7, 71, 73, 122, 128, 151, 152, 164, 165, 181, 194
Dhofar 61
Diamanten 170
Diaz, Bartolemeu 103
Dieppe 142
Dieselkraft 28, 158
Djakarta (Batavia) 110
Drake, Francis 27 f., 109, 148 f.
Dreißigjähriger Krieg 74
Drogen 192
Dschingis Khan 181
Dschohor 109
Dschunke 25
Dublin 30, 90
Duke of Argyle 30
Dundas, Lord 30
Dwarka 34

East India Company 109 f., 111–113, 114
Einbaum 16
Eisenbahn 35 f., 114 f.
Eisenschiff, Stahlschiff 28, 33
Ekuador 163
Elcano → Karte B
Elfenbein 20, 62, 91, 106, 135
Elmina 103, 169
Emanuel I. (König von Portugal) 103
England, Engländer 22, 27 f., 44 69, 72, 73,3 74, 87, 88 f., 90, 92, 108–110, 111, 114, 127, 128, 144 f., 147, 148 f., 150 f., 170, 181, 182, 191, 194
– *siehe auch* Großbritannien, Briten
Ephemeriden 43
Erich der Rote 90, 92
Eschels, Jens Jacob 10
Eskimos 17, 91
Estado da India 104, 105
Etrusker 54
Euphrat (Fluss) 49

Faxaflói 39
Felle 92, 145, 147
Fidschi 70
Finnland 72
Fische, Fischfang 15, 38, 49, 53, 55, 56, 73, 91, 92, 125, 145, 157–160
Florida 141, 143, 144
Floß 15
Forth-Clyde-Kanal 30
Francis Xavier 131
Frankreich, Franzosen 21, 28, 30, 35, 87, 88 f., 90, 99, 110, 112, 127, 142–148, 158, 169, 170, 172, 173, 175, 181 f., 186, 191, 192, 194
Frauen 57 f., 185
Freibeuter 27, 108, 142, 143
– *siehe auch* Piraten
Friedrich der Große (König von Preußen) 164
Friesen 22, 127, 129

Galeere 19, 28
Galeone 24, 76
Gama, Vasco da → Karte A, 9, 23, 41, 103 f., 186
Gandhi, Mahatma 115
Gardar 91
Gelbfieber 172, 186
Genua 77, 97
Geschütze 24, 27, 29
Getreide 55, 56, 59, 66, 69, 72, 73, 91, 92, 127
Gewürze 50, 59, 66, 72, 75, 78, 104, 109, 110, 155, 174
Gibraltar, Straße von 102
Glas 55, 75
Global Positioning System (GPS) 45
Globus 42
Goa 132
Gold 20, 53, 61, 62, 63, 64, 98, 103, 135, 168, 169, 170
Golf von Khambhat 34, 35, 86, 105
Golf von Aden 62, 133
Golf von Guinea 103
Golf von Mexiko 98, 143, 193

GPS (Global Positioning
  System) 45
Great Britain 31
Greenwich 43 f.
Gregor der Große (Papst)
  127
Griechenland, Griechen
  53, 54-59, 93, 178
Grippe 184 f.
Grönland 10, 38, 39,
  87, 90 f., 92, 93
Großbritannien, Briten
  21, 31-33, 44, 85, 110, 111-115,
  122, 126, 127,142, 147 f.,
  151, 159, 169 f., 171, 173, 175,
  179, 190, 194 – siehe auch
  England, Engländer
Großer Fischfluss 103
Guinea, Golf von 103
Gujarat 35, 105

Hadsch 134
Hafenanlagen 34-36, 56
Haithabu 128
Haiti 69, 98, 140
Hamburg 36, 72, 108,
  128, 129, 152, 175
Hannifen 133
Hanno → Karte A, 84
Hanse, Hansebund, Hanse-
  städte 9, 10, 22, 71-74,
  76, 85, 91, 92, 108, 152
Harald (König von Däne-
  mark) 128
Harald I. Schönhaar (König
  von Norwegen) 90
Harrison, John 44
Hawaii 122, 187
Heinrich der Seefahrer 102,
  167 f.
Hinduismus 120-122, 158, 166
Hispaniola siehe Haiti
Hochelaga siehe Montreal
Holland siehe Niederlande
Holz 16, 17, 18, 20, 33, 51-53,
  59, 73, 91, 92, 106, 109, 193
Honduras 68
Hongkong 182
Hormus, Straße von 131, 133

Horn 38
Huayna Cápac 99
Hudson Bay Kompanie 147
Hugenotten 142, 143
Hulk 22, 23, 28
Huronen 144-147

Ibn Battuta
  → Karte A, 25, 86, 131
Ibn Majid 104
Ignatius von Loyola 131
Illtyd (Heiliger) 126
Indianer Nordamerikas 142,
  144 f., 146, 147 – siehe auch
  Huronen und Irokesen
Indien, Inder 23, 34, 35, 40,
  50, 61, 62, 63, 64, 65, 86, 96,
  97, 103, 105, 108-110, 111-115,
  120 f., 130, 132, 135, 137, 161,
  166, 174, 175, 176, 179, 186
Indigo 171
Indischer Ozean 17, 18-20,
  23, 34, 40, 42, 50, 55, 60-63,
  64, 69, 70, 85, 95, 102-107,
  109, 110, 115, 130, 135, 155,
  162, 166, 169, 171, 179, 181,
  182, 191
Indonesien 69, 136, 166
Indus (Fluss) 35, 49, 137, 166
Influenza siehe Grippe
Inka 98-100, 138, 177
Innozenz III. (Papst) 76
Irland, Iren 21, 38, 39, 87, 90,
  92, 126 f., 128, 151, 164
Irokesen 144-147
Ischia siehe Pithekusa
Islam, Muslime 62, 71, 75,
  78, 85, 86, 95, 102, 104 f., 121,
  130, 133-137, 166, 167, 174,
  180, 192
Island 38, 39, 73, 90-93,
  129, 159
Italien 42, 53, 74, 128

Jakob I. (König von
  England) 149
Jamestown 170
Jangtse (Fluss) 25, 35
Japan, Japaner 66, 96, 106 f.,

110, 122, 132, 160, 175,
  180 f., 185, 186
Java 41, 109, 135
Jemen 62, 174
Jesuiten 131, 146, 147
Jesus Christus 125
Johann I. (König von
  Portugal) 102
Jomei 122
Juden, Judentum 133, 135, 136
Justinian (Kaiser) 178

Kaffee 174, 175
Kairo 136
Kakao 68, 174
Kalkutta 110, 111, 112
Kampfer 106
Kanada 17, 145, 194
Kanarische Inseln 167, 168
Kandy 109
Kanton 182
Kap der guten Hoffnung
  41, 103, 149
Kapverdische Inseln 102, 148
Karavelle 23
Karawanenrouten
  35, 60, 133, 181
Karibik 68 f., 79, 103, 142,
  168, 169, 171, 184, 186
Karl der Einfältige (König
  der Karolinger) 88 f.
Karl der Große (Kaiser)
  9, 127, 128
Karl V. (Kaiser) 9, 186
Karl VIII. (König von
  Frankreich) 186
Karsefni, Thorfinn 92
Karten siehe Seekarten
Karthago 53, 84 f., 126
Kartoffeln 163-165, 174
Katalonien 104
Kaurimuscheln 50, 135
Kepler, Johannes 43
Keramik 54, 65, 66,
  70, 78, 106
Khambhat, Golf von
  34, 35, 86, 105
Kiew 88
Klemens V. (Papst) 131

Knut der Große 88, 94
Kogge 22, 23
Kohle 31, 32
Kolumbien 163, 176
Kolumbus, Christoph
→ Karte B, 9, 17, 68, 93,
97, 174, 184, 186, 187
Kompass 42
Kongregation für die Verbreitung des Glaubens 146
Konquistadoren 99, 138, 139
Konstantin (Kaiser) 125
Konstantinopel 75, 76, 181
Korea 122, 180
Korinth 55
Krankheiten 98, 177–183,
184–187, 192
Kreta 76
Kreuzzüge 75 f., 130
Kriegsflotte, Kriegsmarine
27–29, 31 f., 61, 74, 76, 85,
105, 109, 110, 142, 147
Kriegsschiff 19, 20, 24, 27–29,
31, 32, 33, 76, 109, 143, 190
Krim 181
Kuba 98, 173
Kupfer 7, 69, 106
Kwangtung 132

La Rochelle 142
Labrador 73, 92
Lagerhäuser 35, 56, 179
Langanes 38
Langschiff 87
Leif Eriksson 92
Lemnos 178
Leptis Magna 56, 126
Levante, Levantiner 51
Lissabon 42, 72, 108, 132
Litauen 90
Llanilltydd Fawr (Llantwit
Major) 127
Lloyd, Edward 175 f.
London 30, 72, 109, 113, 175
Longfellow, Henry
Wodsworth 195
Loten 39 f.
Lothal 34, 35
Louisiana 147, 171

Lübeck 49, 71, 72, 74
Ludwig der Fromme
(Kaiser) 128
Ludwig XIV. (König
von Frankreich) 143
Lull, Ramon 43
Lutheraner 151

Machilipanam 105
Madagaskar 65, 162
Madeira 102, 167 f.
Madras 110
Magellan, Ferdinand
→ Karte B, 9, 149
Malakka 105, 106, 109, 136
Malaria 186
Malaysia 65, 66, 135, 136
Malediven 50, 162
Malindi 104, 135
Manila 79, 149
Marco Polo 25
Maria I. (Königin
von Spanien) 148
Marseille (Massilia)
35, 126, 175
Masern 177, 181, 184, 185
Massachusetts 150
Massilia *siehe* Marseille
Maurya-Dynastie 121
Maya 184
Mayflower 149
McNeill, William 192
McPherson, Kenneth 63
Medina 133
Mekka 133 f.
Melville, Herman 159
Meridian 44
Metalle 7, 18, 20, 50,
51, 59, 60, 64, 65, 66,
68, 69, 78, 91, 106
Mexiko 79, 97 f., 141, 142
Mexiko, Golf von
98, 143, 193
Miller, Patrick 30
Ming-Dynastie
67, 95, 132, 190
Mission, Missionare
121, 125–132, 138–140,
141, 146, 147, 150, 194

Mississippi 147, 171
Mittelmeer 16, 17, 18–20,
23, 25, 34, 35, 40, 42, 49, 50,
51–53, 54–59, 60–63, 64, 71,
72, 75, 76, 84 f., 102, 126, 134,
166, 167, 168, 171, 178, 179,
180, 181, 185
Moby Dick 159
Mohammed 133 f.
Molukken 69, 110, 132, 135
Mombasa 135
Mongolen 66, 95,
130 f., 137, 181
Monsun 19, 40, 61,
63, 155, 191
Monte Corvino, Giovanni di
131
Montezuma 138
Montreal (Hochelaga) 145
Mozambique 65, 103, 135
Mumps 181
Muskat 106
Muslime *siehe* Islam
Mykene 7
Myra (Mugla) 126

Nanking 132
Nantes, Edikt von 142, 143
Navigation 37–45
Neandertaler 157
Neapel 54, 186
Nelken 64, 106
Nestorianer 130
Neuengland 150, 158, 159
Neufundland 73, 92, 145, 158
Neuguinea 69, 166
Neuseeland 70
New York 151
Niederlande (Holland),
Niederländer 22, 28, 72,
103, 108–110, 128, 144, 149,
151, 164, 169, 181, 190, 191
Nikolaus von Myra
(Heiliger) 126
Nil 16, 35, 49, 52, 61, 79
Nordamerika 36, 79, 92 f.,
141–152, 158, 162, 170, 171,
174, 187
– *siehe auch* Kanada,

Mexiko *und* Vereinigte
Staaten von Amerika
Nordpol, magnetischer 42
Nordsee 17, 22, 40, 71, 72,
  87, 90, 109, 127, 128
Nordwestpassage 145
Normandie, Normannen
  88, 89, 92 f.
Norwegen, Norweger
  22, 38, 39, 73, 87–92,
  129, 130, 191
Nowgorod 72, 88

Öl 55, 59
Olaf I. Tryggvason 129
Olinda 100
Oman 61, 133
Orellana, Francisco de 139
Orkney-Inseln 90
Osmanisches Reich,
  Osmanen 7, 76, 105, 137
Osterinseln 69
Ostgoten 74
Ostia 56
Ostsee 17, 22, 71, 72, 87,
  88, 90, 109, 128, 181
Ozeanien 68–70, 187

Paddel, Paddelboot 18, 25
Palladius (Heiliger) 126
Panama 79, 97, 98, 148
Parfum 50, 57
Paris 175
Patrick (Heiliger) 126
Paulus (Apostel) 125, 126
Pazifischer Ozean
  44, 69, 70, 79, 98, 135, 141,
  149, 160, 182, 184, 193
Peking 131, 132
Penn, William 151
Pennsylvania 151
Perikles 178
Pernambuco 100, 169
Persien, Perser 51, 60 f.,
  65, 84, 130, 134, 178
Persischer Golf 19, 134, 179
Peru 79, 97 f., 106, 176
Pest 178–183
Petronius 58

Pfeffer 75, 78, 104, 110, 155
Philippinen 79, 135, 176, 194
Phönizer 51–53, 54
Pilger 10, 133, 134, 149
Pippin (König von Franken)
  127
Piraten 23, 27, 52, 55, 56, 77,
  96, 108, 126, 143
  – *siehe auch* Freibeuter
Pisa 77
Pithekusa (Ischia) 54
Pizarro, Francisco
  97 f., 99, 138 f.
Plankenboote, Planken-
  schiffe 17, 20, 22, 26
Plinius der Ältere 61
Plymouth 30, 150
Pocken 98, 99, 177,
  180, 181, 184
Polarstern 41, 43
Port Caroline 144
Port Royal 144
Portugal, Portugiesen
  23, 41 f., 78 f., 99 f., 102–107,
  108, 109, 110, 122, 132, 135,
  139, 142, 143, 144, 148, 158,
  167, 168, 169, 181, 185, 190,
  191, 192, 194
Porzellan 65
Potosí 79
Presbyterianer 151
Protestanten
  143, 146, 148, 150
Ptolemäus 55
Puerto Rico 173
Puritaner 149, 150

Quäker 150, 151
Quebec 146

Raddampfer 30–32
Raleigh, Walter 109
Rattler, HMS 31
Recife 100, 169
Reformation 74
Reis 64, 161 f., 166, 171, 174
Reykjanes 38, 39
Reykjavik 38, 39
Rhodos 55, 166

Ribauts, Jean 143
Ricci, Matteo 96, 131 f.
Richelieu, Armand Jean du
  Plessis 146
Rio de Janeiro 143
Ritsuryo-Dynastie 122, 180
Roanoke (Insel) 149
Roger de Hauteville 89
Rolf Gangr (Rollo) 89
Römisches Reich, Römer
  21, 30, 54–59, 60 f., 61, 64, 71,
  74–76, 84 f., 88, 125, 126, 127,
  155, 178 f.
Rotes Meer 19, 61, 62, 104,
  133, 134, 179
Rothermund, Dietmar 113
Royal African Company 170
Ruder 18 f., 21, 22, 23, 26
Ruhr 172
Russland, Russen 87, 88, 128,
  176, 193

Saba 62
Salz 109, 158
San Francisco 183
Sanherib (König von
  Assyrien) 17
Sankt-Lorenz-Golf 145
Sankt-Lorenz-Strom
  144 f., 147
Santo Domingo 168
Sao Tomé 103, 167
Sardinien 56
SARS 192
Sassaniden 61
Schiffbau 18–20, 21–24,
  25 f., 28, 31, 33, 193
Schiffsschraube 31 f.
Schilfboot 16
Schintoismus 122
Schottland 30, 126 f., 151
Schwarzer Tod *siehe* Pest
Schwarzes Meer 55, 88, 178
Schweden 22, 74, 87,
  88, 90, 128 f.
See Genezareth 125
Seekarten 38, 42
Segel, Segeltechnik
  18–20, 21, 22, 23, 25 f., 30

Seide 64, 65, 66,
  75, 79, 106, 114
Sevilla 163
Sextant 44
Shetland-Inseln 90
Shomu (Kaiser) 180
Sibirien 63
Siddharta Gaudama 120
Sidon 51, 52
Sierra Leone 84
Silber 53, 61, 63, 79,
  106, 113, 143
Simbabwe 135
Sizilien 55, 56, 89, 166
Skandinavien 21–24,
  87–94, 128, 129, 158
Sklaven, Sklaverei 19, 55, 56,
  58, 79, 100 f., 102, 103, 126,
  135, 140, 166–173, 174, 175,
  176, 185, 186
Slyne Head 38, 39
Smith, Francis Petit 31
Snæfellsjökull 39
Sofala 135
Solomon 136
Somalia 61, 62
Sonar 158
Sophokles 11
Sowjetunion 193
Spanien, Spanier 24, 27 f., 42,
  53, 56, 68, 74, 79, 97–101,
  103, 105 f., 107, 108, 109, 110,
  128, 132, 135, 138 f., 141 f., 143,
  144, 146, 148, 158, 163, 168,
  181, 184 f., 191, 192, 194
Sparta 178
Sri Lanka (Ceylon)
  86, 110, 121
St. Malo 142, 145
St. Nazaire 142
Steuern und Zölle 23, 66, 75,
  78, 113, 122, 137, 170, 172, 190
Straße von Gibraltar 102
Straße von Hormus 133
Stundenglas 43
Südamerika 16, 68–70, 79,
  97, 140, 164, 167, 168, 169,
  171, 174 f., 187 – *siehe auch*
  Brasilien, Chile, Ekuador,
  Kolumbien *und* Peru

Südgeorgien 160
Südostasien 64–67, 136,
  155, 177 – *siehe auch* Borneo,
  Indonesien *und* Malaysia
Suezkanal 58
Sui-Dynastie 95
Sumatra 41, 135
Sundastraße 41
Sung-Dynastie
  65, 66, 95, 161
Svalbard (Spitzbergen) 38
Sydney 183
Symington, William 30
Syphilis 185 f.
Syrien 54, 126

T'ang-Dynastie 65, 95, 130
Tabak 79, 100, 149, 174
Tanis 52
Tanker 35
Tasmanien 16
Tee 109, 174 f., 176
Tenochtitlán 98
Ternate 106, 149
Terrorismus 192
Texcocosee 98
Textilien 35, 50, 55, 65, 66,
  68, 72, 73, 78, 109, 111, 172
Thangbrandr 129
Thomas (Heiliger) 130
Thorwald 92
Thukydides 178
Tiber 56
Tidore 106
Tigris (Fluss) 49
Tjeker 52
Tlaxala 98
Tordesillas, Vertrag von 99
Tumbes 138
Türken 137
Typhus 164, 184 f., 185
Tyros 51

Überdüngung der Meere
  193 f.

U-Boot 193
Uganda 176
Ugarit 51
Umayado 122
Umweltprobleme 193 f.

USA *siehe* Vereinigte Staaten
  von Amerika

Valparaiso 148
Valverde, Vicente 139
Venedig 49, 71, 72, 74–77, 85,
  104, 167, 175, 191
Vereenigde Oostindische
  Compagnie (VOC) 109,
  112, 113 f., 175
Vereinigte Staaten von
  Amerika 30, 45, 122, 144,
  149, 152, 173, 190, 193, 194
Verklappung 193
Vietnam 66, 161
Villegaignon, Chevallier de
  143
Virginia 149
Voodoo 140

Wale, Walfang 145, 158, 159,
  160
Waräger 88, 93
Warrior, HMS 33
Wein 55, 56, 58, 59, 69, 72,
  73, 109, 167
Wenamon 52 f.
Westfälischer Friede 169
Westindische Kompanie 169
Wikinger 22, 42, 87–93,
  129, 144
Wilhelm der Eroberer
  (Herzog William von der
  Normandie) 89, 92
William von der Normandie
  siehe Wilhelm der Eroberer
Willibrord (Heiliger) 127

Yüan-Dynastie 95
Yucatán 138
Yung-le 95, 96
Yünnan 182

Zadar 76
Zeitmessung 43, 44
Zinn 7, 64
Zölle *siehe* Steuern und Zölle
Zucker 75, 79, 100, 103,
  166–173, 174, 192
Zypern 18, 166

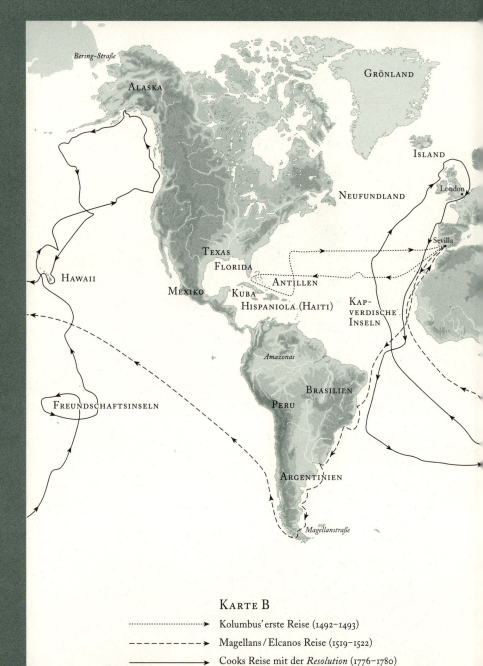

Karte B

··········▶ Kolumbus' erste Reise (1492–1493)

– – – – –▶ Magellans / Elcanos Reise (1519–1522)

——————▶ Cooks Reise mit der *Resolution* (1776–1780)